高职教育的
创新发展探索研究

陈 明 彭建华 著

全国百佳图书出版单位
吉林出版集团股份有限公司

图书在版编目(CIP)数据

高职教育的创新发展探索研究 / 陈明，彭建华著. --长春：吉林出版集团股份有限公司，2023.6

ISBN 978-7-5731-3903-0

Ⅰ.①高… Ⅱ.①陈… ②彭… Ⅲ.①高等职业教育-发展-研究-中国 Ⅳ.①G718.5

中国国家版本馆 CIP 数据核字(2023)第 132109 号

高职教育的创新发展探索研究
GAOZHI JIAOYU DE CHUANGXIN FAZHAN TANSUO YANJIU

作　　　者	陈　明　彭建华
责任编辑	欧阳鹏
技术编辑	王会莲
封面设计	豫燕川
开　　本	787mm×1092mm　1/16
字　　数	188 千字
印　　张	9.75
版　　次	2024 年 1 月第 1 版
印　　次	2024 年 1 月第 1 次印刷
出　　版	吉林出版集团股份有限公司
发　　行	吉林出版集团外语教育有限公司
地　　址	长春福祉大路 5788 号龙腾国际大厦 B 座 7 层
电　　话	总编办：0431－81629929
印　　刷	北京银祥印刷有限公司

ISBN 978-7-5731-3903-0　　　　定价：57.00 元

版权所有　　侵权必究

前 言

国家对于高职人才培养的重视程度越来越高,这让高职教育工作者对人才的培养产生了思考。高职院校作为高等教育的重要组成部分,其教育模式和教育主体都具有不同于普通高等教育的特殊性。高职院校的教育目标是将思维与科学技术共存的知识转变为更具现代技术性与生产性的实践知识,力在打造不同类型的人才,实现创新创业教育体系的突破。努力探索创新创业教育与专业教育融合发展的路径,为国家培养既具有专业技能又具备创新创业能力的全能型人才。

作为面向个人和社会的教育,职业教育在促进国家发展方面发挥着关键作用。高职教育作为国民教育体系与人力资源开发的主要构成部分,承担着培养复合型人才、传承知识技术、推动就业创业等诸多重要职责,高职院校要充分把握高职教育服务发展与促进就业的基本办学方向,全面深化体制机制改革,积极创新各类型、各层次的职业教育模式。本书从高职教育概述入手,针对高职教育的人才培养模式与课程体系进行研究;另外对高职教育教学创新与发展、高职教育文化建设的创新发展路径、中国高职教育国际化发展、高职教师专业发展和高职教育的可持续发展等进行探究,旨在摸索出一条适合高职教育发展工作的科学道路,帮助其工作者在应用中少走弯路,运用科学方法,提高效率。对高职教育的创新发展有一定的借鉴意义。

本书参考了大量的相关文献资料,借鉴、引用了诸多专家、学者的研究成果,其主要来源已在参考文献中列出,如有个别遗漏,恳请作者谅解。本书撰写得到很多专家学者的支持和帮助,在此深表谢意。由于能力有限,时间仓促,虽极力丰富本书内容,力求著作完美无瑕,但难免有不妥与遗漏之处,恳请专家和读者指正。

目 录

第一章 高职教育概述 ··· 1
 第一节 高职教育的性质 ··· 3
 第二节 高职教育的特征表现 ·· 5
 第三节 高职教育的功能 ··· 8

第二章 高职教育的人才培养模式与课程体系 ·· 13
 第一节 高职教育的专业设置与人才培养模式 ·································· 15
 第二节 高职教育的课程体系构建 ·· 23

第三章 高职教育教学创新与发展 ··· 43
 第一节 理念创新与发展的内涵、路径及基本要求分析 ······················ 45
 第二节 教学理念与教学模式的改革创新 ··· 51
 第三节 教学方法与学习方式的改革创新 ··· 55
 第四节 教师职业道德与教学修养的改革创新 ·································· 67
 第五节 师资队伍建设与发展的改革创新 ··· 70

第四章 高职教育文化建设的创新发展路径探索 ···································· 75
 第一节 高职教育文化发展的基点 ·· 77
 第二节 文化自信背景下高职院校文化创新发展 ······························· 80
 第三节 供给侧改革视野下高职教育文化育人的范式转型 ·················· 84
 第四节 基于"大国工匠"精神培育的高职教育文化建设路径 ············· 87

第五章 中国高职教育国际化发展 ··· 93
 第一节 中国高职教育国际化概述 ·· 95
 第二节 中国高职教育国际化发展的动因分析 ·································· 100
 第三节 高职教育国际化发展的对策及建议 ····································· 104

第六章 高职教师专业发展的展望 …… 111
第一节 大数据背景下的高职教师发展 …… 113
第二节 高职教师在线发展的价值取向和制度设计 …… 116
第三节 高职教师发展新路径 …… 119
第四节 高职教师荣誉体系比较研究 …… 121
第五节 高职教师专业发展路径 …… 123
第六节 高职教师成长环境优化 …… 127
第七节 高职教师自我评价体系构建 …… 130

第七章 高职教育的可持续发展 …… 133
第一节 高职教育可持续发展的理念解读 …… 135
第二节 高职教育可持续发展的体系构建 …… 136
第三节 高职教育师资队伍的可持续发展 …… 139
第四节 高职教育校企合作的可持续发展 …… 140

参考文献 …… 147

第一章

高职教育概述

第一部

自然资源现状

第一节　高职教育的性质

一、高职教育的高等教育性质

高职教育中的"高职"二字是就教育层次而言,区别于中等和初等教育。高职教育具有以下两个基本特点:

第一,高职教育是建立在中等教育基础上的专门教育,以培养高级人才为目标。高职教育的学生要具有中学毕业水平,因为如果起点太低,就很难掌握高职教育高级、精深、复杂的专业知识。而专门教育,是相对于普通教育而言的,是指培养某一领域专业人士的教育,是为公民未来的职业生活做准备的教育。普通教育则是指实施普通文化科学知识的教育,要使学生掌握人文科学、社会科学和自然科学的普通知识,使他们具有基本的文化修养和处理社会问题的能力,其目的是为公民未来的社会生活而非职业做准备。传统上,普通教育主要在中小学进行,专门教育则主要在高职教育阶段进行。可见,高职教育是一种为专业工作或职业生活做准备的专门教育。高级人才,则主要表现为培养的人才知识含量高、成熟度高、适应社会能力强等。这一特点是就高职教育的性质和任务而言的,它表明了高职教育在知识含量和培养人才水平上的"高"。

第二,高职教育实施对象——学生的年龄大都在18岁以上,其心理和生理发展已经成熟。这一特点表明,为了适应高职教育的第一个特点,其教育对象在身心发展方面必须处于比较成熟的阶段,为培养能够掌握"高"的知识含量,成为"高"的人才奠定生理和心理基础。

这两个特点是高职教育的基本特点,高职教育的其他特点大都是从这两个特点中派生出来的。当然,随着社会经济和高职教育自身的发展以及高职教育研究的深化,对高职教育特点的认识或许会发生巨大的变化,但是这两个基本特点是不会发生变化的,因为它们反映了高职教育的基本属性。

二、高职教育的职业教育性质

教育是培养人才的社会活动,教育对社会经济发展的促进作用是通过培养人才实现的,这是各类教育的共同特征。高职教育在人才的培养实践中,其鲜明的个性特征就是职业定向性。即在人才培养过程中,高职教育表现出很强的职业岗位针对性、实践性以及对职业岗位变化的适应性。研究高职教育的职业性特征,不仅有利于加深对高职教育本质特征的理解,对理解高职教育与普通高等教育的异同之处,以及更好地理解高职教育的本质属性与功能,亦有很强的启示作用。

值得注意的是,虽然职业性是专业教育的共同属性,但是,不同类型的专业教育,在职业性特征上有着各自鲜明的表现。高职教育与普通高等教育的职业性特征就有着非常明显的区别,这种区别主要表现为高职教育具有很强的职业岗位针对性、实践性以及对职业岗位变化的适应性。

(一)针对性

职业岗位是高职教育安排所有活动的出发点和依据,它不同于普通高等教育,普通高等教育不会专门针对特定的职业岗位,普通教育的适应能力更加宽泛。而高职教育培养的人才所具备的职业岗位针对性比普通高等教育更强,其所有的出发点都是为了匹配职业岗位。

高职教育的目的就是为特定的职业岗位培养所需的人才,重点在于职业能力的获得。因此,国民经济职业体系就是这套知识体系的构成基础,其设定的专业如美容专业、秘书专业等都是根据职业岗位进行的,而不是根据学科进行的;其课程和教学计划的安排都是和职业岗位的职业能力相适应的,而不是为了符合学科要求;其业务目标是为了改善或谋求某种职业,所以它的关注点是从业务上对从业人员、行业和职业岗位提出要求,将相关的知识和技能提供给所需的职业岗位,而完整、系统的学科理论则不是其追求的重点;它要学习的是基础理论,掌握应用技术和本专业所需的高新技术;其能力结构是用横向型来体现复合性的。从教学工作的角度而言,教学工作的组织原则要遵循"符合职业岗位实际";不同专业的教学计划、知识能力结构和学生具备的素质是职业岗位明确需求的基础;对学生是否熟练地掌握了职业技能和技艺进行考核,并做出评价。职业资格证书才是高职教育连接社会的纽带,而非单纯的学历文凭。总而言之,职业性与"职业岗位"在高职教育中有着紧密的联系。

(二)实践性

高职教育培养人才的方向是技术型,所以培养实践能力成为高职教育的重点,这是由其人才特性决定的。以下都是高职教育职业性所展现的实践性特点:高职教育培养的人才针对的是服务和生产的一线,是以基层为主的,能够在生产一线熟练运用各种服务、技术和管理等的人员才是培养的主要目标,而非研究新的工艺、产品和技术;其教学过程的重点在于应用不同的技术,培养实践能力;在职业教育中,比重较大的是实训部分,所以上岗实践训练就必须在校完成,这样学生在毕业之后就可以进入工作岗位;高职教育需要双师型的专业教师,教师同时也要具备实践能力,此外,还要关注那些从生产一线来做兼职的教师所发挥的作用,而且所处的实训场所和所用的试验设备都要和现场相似,这样才能培养学生解决不同问题的能力。

(三)适应性

职业性的特征是普通高等教育也具备的,但普通高等教育基本都是间接联系市场和社会经济的,而不是直接的。普通高等教育的职业针对性并不强,也不需要根据特定的职业岗位来设置知识体系、课程和专业,重点在于知识和能力结构的构建,这让普通高等教育受到的职业岗位变化带来的影响低于高职教育。所以,普通高等教育与学科联系的密切程度要远高于与社会职业岗位联系的密切程度。

而高职教育天生就和经济发展有着密切的联系,因为高职教育是在工业经济时代得到蓬勃发展的。实践证明,高职教育的发展离不开经济的进步和市场的需求,高职教育必须扎根于经济和市场这两块肥沃的土壤中。因此,高职教育要想发挥作用,得到更好的发展,就必须符合社会职业岗位的需求,根据社会职业岗位的需求来制定发展方针。

三、高职教育的技术教育性质

20世纪之后实现了生产自动化,于是出现了一种既不属于技术工人,也不属于精英型工程师,而是处在二者之间的新型人才,即技术型人才。这是以前并没有的概念,技术工人和工程师才是这种技术型人才原本的岗位。生产自动化的不断进步,有些岗位要求技术工人要掌握理论技术,而不再是之前的经验技术。中等职业教育培养的技能型人才由于已经改变的职业岗位要求而无法达到岗位的标准,所以社会诞生了高智力的技术型人才。此外,为了保证精英型工程师应有的工作成效,会由那些技术型人才来承担不需要较高理论要求的生产一线的技术工作,由此便诞生了技术型人才。

技术型人才既要掌握自己专业领域内的基础知识和理论,也要掌握相应的生产操作能力,能够将相关技术转化成实际的物质,可以组织现场的生产,并给予相关的技术指导,解决生产中遇到的不同问题;同时,还要给工艺、设备和产品提出相应的改进意见,擅长使用和交流不同的信息。这种复合型人才有着扎实的专业理论、较强的组织能力和熟练的生产技术。高职教育因为技术型人才展现出的需求特征而得到了发展。这种高职教育就属于"技术型"。

第二节　高职教育的特征表现

一、高职教育培养目标:实用性

教育是按照社会要求培养受教育者的活动。如前所述,当前社会对人才的需求体现出高素质、多类别、多层次的特点。总体而言,需要两大类人才:一类是少而尖的学术型人才和高技术人才,他们主要从事的是探索、发现自然界和人类社会的奥秘以及不断"认识世界"的工作;另一类是大众型的应用型人才,他们运用已知的自然和社会发展规律,为社会谋取直接利益。而应用型人才又可分为工程型人才和技术应用型人才。高职教育具体的培养目标比较多样,几乎覆盖社会的各行各业,但就其人才类型而言,主要是实用性的技术型人才。

(一)人才培养标准方面

在人才培养标准上,强调学生应用知识的技能和解决实际问题的能力。高职教育的教学指导思想就是要让学生获得相应职业领域的能力,其教学计划、课程及质量评价标准都以使学生获得能力为导向进行编制,一切教学工作都以使学生获得相应职业领域能力为出发点和终结点。高职教育人才培养要达到的能力标准涵盖以下相关内容:

第一,相应职业领域的能力是一个职业能力与其他相关能力的综合概念,包括知识、技能、经验、态度等为完成职业任务、胜任岗位资格所需要的全面素质。

第二,科学技术的迅猛发展使社会职业岗位的内涵和外延一直处于不断变动之中,因而高职教育所培养的人才能力不能仅局限于胜任某一具体职业岗位的能力,还要使学生获得对职业岗位变动的良好适应性和可持续学习的能力基础。

第三,技术型人才往往是现场工作群体中的重要人员,因而他们所应具备的能力构成中,合作、公关、组织、协调、创新及风险承受等"关键能力"或"基础能力"以及良好的品行和职业道德修养具有特殊的重要性。

(二)人才的服务对象方面

在人才的服务对象上,高职教育培养的人才面向的是基层、生产和服务第一线。高职教育作为职业教育的重要组成部分,与经济、企业的关系最为直接,是科学技术向现实生产转化的重要途径,在实现"两个根本性转变"的过程中发挥重要的作用。当今世界人才的竞争,除研究、开发型人才的竞争外,相当程度上是生产、管理和服务第一线实用型人才整体素质的竞争。大量的实践表明,发展高职教育,培养生产第一线的技术应用、技术管理和服务的实用型人才,是我国改革开放和经济建设、社会发展的迫切需要,尤其是一些资金密集、技术密集型的行业及经济发达或正在走向发达的地区,高职教育人才培养的实用性特征就更为明显。

二、高职教育专业设置:职业性、市场化

专业设置是高职教育与社会需求相衔接的纽带,是学校能否主动、灵活地适应人才市场变化的重要环节,是高职教育适应和满足社会需求的切入点。在社会主义市场经济条件下,各种需求都在价值规律、供求规律和竞争规律的作用下体现为一种市场需求。一方面,高职教育人才培养目标决定了它与本地区经济发展有着更为密切的联系,专业设置直接面向地区性市场;另一方面,由于科学技术的迅猛发展,产业结构调整步伐加快,市场供求关系瞬息万变,因而社会职业岗位群的不断分化与重组必然导致高职专业设置不断随之调整、发展。因此,高职教育在专业设置上,必须以市场需求为导向,面向生产、建设、服务、管理一线,以地区产业结构和社会人才需求变化趋势作为确定专业主体框架的主要依据,使专业设置既能充分适应行业或产业结构长期变化和发展的趋势,又具有快速调整能力,能够及时跟踪社会职业需求热点进行转换,而不能像学术型普通高等教育一样用专业目录去规范和限制。

在传统教育体制下,我国高职学校的人才培养模式及其专业设置基本上是固定不变

的——学校因办学条件而设置专业,因专业设置而招收学生。且学校只管教书育人,对社会发展的需求与市场的需要很少过问,使得培养出的许多学生毕业后用非所学。这是办学资源的浪费,也是人才资源的浪费。而在市场经济高度发展的今天,作为我国市场经济衍生物的现代意义上的高职教育,其生命力之所在就是专业设置紧贴社会,培养具有综合职业能力和高素质的、直接面向生产一线的技术、技能型人才。

三、高职教育教学过程:实践性

高职教育的培养目标是素质高、能力强、上岗快、用得上的技术型人才,这一培养目标决定了学生在校期间必须完成上岗前的实践训练。因此,高职教育整个教学过程的实践性特征非常突出。纵观世界各国成功的高职教育,无一例外地都是以突出实践教学为特征的。高职教育教学过程中的实践性特征突出表现在如下三个方面。

(一)教学计划上突出对能力的培养

高职教育在教学计划的制订上突出对学生职业能力的培养,这与普通高等教育在教学计划的制订上,以突出学生对理论知识的掌握为主线有很大区别。同时,高职教育教学计划的制订是在社会调查的基础上,从职业分析入手,借鉴能力本位教育 CBE(Competence Based Education)的思想,按岗位或岗位群的职业要求,将综合职业能力分解成若干项专门能力,有针对性地设置相应课程,并聘请企业界有关专家,对教学计划的可行性进行论证,以优化课程设置。为避免因培养周期较长所带来的弊端,高职教育对教学计划的实施进行动态管理、滚动修订,以保证课程设置和教学内容的科学性、先进性及人才的职业适应力。

(二)教学内容上理论与实践相结合

技术技能型人才的总体特征是理论技术与经验技术相结合,为此高职教育在课程内容上比较注重使学生掌握理论技术所必需的理论基础及相应的应用能力。分析国内外一些高职教育的课程内容,发现实践教学在教学计划中占有较大的比重,理论教学与实践教学的课时比例一般都在 1∶1 左右。

在课程结构上,高职教育强调把学生能力的培养放在突出位置,其理论课程体系是为专业综合理论和专业技术能力服务,主要包括专业理论和基础理论两类,它们共同支撑着高职人才的持续发展和适应能力;而实践课程体系则是为培养专业技能、职业能力服务的,主要是直接反映当前职业岗位工作需求的专业技术知识,具有较强的就业导向性。

(三)注重突出实践性教学环节

衡量高职学生的学习效果,很大程度上是以培养目标所要求的知识和能力为标准的。所以,高职学校在教学过程中都比较突出实践性教学环节的重要性。一般而言,在其教学计划的编制上都安排有足够的实训时间,如校内实训和社会岗位实训时间等实践性环节约占总教学时数的 1/3 以上,以使学生具有较强的职业技能和实践能力。为使实践性教学环节能得到落实,高职学校比较重视实训场所和设施的建设,如注重建立现代化的校内专业实训基地,以供学生进行现代化的技术手段操作模拟训练;建立稳固的校外训练基地,以保证学生的综合专业技术实习落在实处,使学生的实习与专业技能实践形成有效的衔接。开展丰富多样的与本专业相关的实践训练、社会调查、社会服务等活动,以提高学生的综合素质和全面能力,使技能培训制度化、规范化;在教学计划中通过专门安排基础技能训练、专业技能训练、顶岗实习等实践性教学环节,明确规定各专业学生在校期间所应取得的操作技能等级证书,以作为学生质量获得社会公认的"合格证"。

用人部门(单位)会直接参与到高职教育培养人才的过程中,这是和普通高等教育的不同之处。高职教育之所以需要用人单位参与进来,就是因为培养的人才要符合一线生产、管理和服务的要求,只有和办学伙伴之间建立联系,才能更快更好地达到培养目标,让教学质量得到提升。在人才培养的过程中,用人部门可以提供不少的便利。一方面,新的知识和技术随着科技的高速进步和发展出现得越来越多,这在学校教育中就能体现出来,高职教育毕业生的特点就是技术创新能力高,而且会使用新的实用技术。只有在真实的环境中才能掌握那些课堂上没有的经验,养成下意识的良好习惯。另一方面,缺乏的师资力量、教学设备和学校实训场地都能够在用人部门的帮助下得到解决,让教育资源得到科学、合理的配置和利用。可以让高职教育根据社会职业岗位需求来设置教学方案和专业,以此提高高职教育建设的专业程度,使其更贴合市场。

第三节 高职教育的功能

事物产生的作用和功效就是功能。在高等教育中,高职教育是必不可少的一部分,在社会和经济发展、人才培养等方面都有着不可忽视的作用。我国在建立了社会主义市场经济体制之后,高职教育就改变了以往的功能。通过对高职教育当前的功能进行深入研究,可以让我们对其发展方向有所了解,从而让高职人才为社会主义建设做出更多的贡献。

一、经济功能

职业技术教育是近代工业和商品经济的产物,是教育与经济的一个重要结合点,是把人才资源转化为智力资源,再把智力优势转化为现实生产力的重要桥梁。从高职教育对经济发展的作用来看,高职教育是科学技术向现实生产力转化的重要途径,它通过提高劳动者的专业知识和技能水平来促进劳动生产率的提高,进而达到促进经济发展的目的。

(一)直接推动生产力的发展

从高职教育的本质来看,高职教育与生产力、经济、产业联系最为直接、最为紧密,对推动经济的发展具有天然的优势,是把科学规律转化为现实生产力的桥梁。高职教育通过培养经济发展所需要的人才来直接推动经济的发展,而不像普通高等教育所培养的人才在将知识转化为现实的生产力时还必须经过一定的转化过程。这也是世界许多国家都努力提高地方政府和企业发展高职教育积极性的主要原因。

高职教育这一优势的发挥对我国而言更为迫切。原因之一就是实现科技进步需要大量的中、高级技术劳动力,而我国大部分科研机构独立于企业之外,在将其科研成果转化为生产力的过程中,缺乏企业中间试验和制造能力等方面的辅助性技能型人力资源的支持。

(二)高职教育经济功能的有效发挥

新科技革命的浪潮将引起新的产业革命和新的产业结构调整,生产过程将更加自动化和集约化,生产技术将更加精密化和高度化,生产设备将更加复杂化和信息化,由此生产出来的产品的技术含量将越来越高。知识经济时代一方面使得传统的职业岗位的内涵日益丰富,工作难度越来越高,智能成分不断增多;另一方面又产生一批既需要高理论,又需要高技术的职业岗位。这样,从业人员在过去较低文化基础上形成的职业技能已不能满足要求,职业教育的高移化必将成为社会经济发展的必然要求。

当前,世界已进入知识经济初现端倪的新世纪,知识已经或即将成为发展经济最重要的资本。但是,知识最终只有被转化才能成为现实的资源,知识的转化也就是科技成果的转化和产业化。这一转化过程直接关系着科研创造和生产加工,是一个不可或缺的而且十分重要的过程。没有这一过程,再先进的科研成果对社会发展的贡献也是有限的。而在科技成果的转化与产业化过程中,掌握着一定技术水平和加工能力的生产队伍是十分必要和关键的,他们是最新科技成果的推广和应用者,也是社会生产水平的直接体现者和推动者。为使他们适应知识经济的这一发展要求,必须重视工艺技术和操作能力的培养,重视高职教育的发展。

二、教育性功能

(一)教育系统中的体系与结构认知

国民教育体系是指各种类型、各种层次教育的有机整体。从系统论的观点来看,以学校为基本单元组成的教育系统是社会大系统中的一个子系统,它与经济、政治、科技等子系统相互影响、相互制约,有着密切的联系。同时,教育本身又是一个小系统,由教育的各个要素按照一定的结构所组成,并形成一定的体系。

系统论表明,结构与功能是系统的基本要素,结构是功能的内在根据,功能是结构的外在表现。一定的结构总是体现为一定的功能,最佳结构方能体现出功能效益的最大化。同时,功能也会对系统的结构产生反作用,如果系统的功能不能适应环境的变化,就会对系统结构的改进提出要求,否则就会导致系统结构的衰退。

所以,系统必须具有合理的结构,不合理的结构必定会影响到功能的正常发挥。教育作为一个具有独立结构与功能的系统,也必须要考虑到系统优化的问题。一般而言,教育可以通过内部结构的合理构建和动态调整,使其自身与其他社会子系统之间,以及系统内部的各个小系统之间相互协调、共同发展,从而充分发挥教育的功能。

(二)高职教育在教育体系与结构中的重要地位

教育结构是由人才结构来确定的。社会需要什么样的人才,作为以人才培养为己任的教育就必须具备相应的教育品种与类型,否则就会失去其应有的价值。按照人才知识与能力结构的不同,人才可分为理论型人才、高技术人才、技术型人才和技工。这四类人才的社会功能虽有显著差异,但都为社会所需、不可或缺,缺乏任何一种类型的人才,或这些人才类型之间比例不合理,都可能严重影响到社会的正常运转。

人才是由教育培养出来的,人才类型的不同决定了教育类型的差异。人才的结构和体系,决定了教育的结构和体系。因此,与人才结构相对应,教育可以分为学术型教育、高技术型教育、技术型教育和技工教育。作为现代社会的组织系统,这四类教育也同样不可或缺,并要具备合理的结构,以发挥其固有的功能。

(三)高职教育是完善国民教育体系的关键

当前我国教育中的诸多弊端,在很大程度上是由教育结构不合理造成的,而要改变这种现象,必须从调整结构开始。高职教育是高职教育和职业教育的连接点,是调整高职教育结构的关键所在。

1. 明确高职教育的定位

当前我国高职教育结构失衡的主要原因在于高职教育的定位不明,无法培养出社会所需要的技术型人才,从而制约了高职教育功能的正常发挥。而明确高职教育的定位,可以使高职教育体系的结构合理化,功能完整化。高职教育的发展,一方面可以通过培养社会所需要的技术型人才,满足社会对高职教育的需要,完成高职教育的基本职能;另一方面可以成为推进高职教育大众化的重要力量。所以,大力发展高职教育是我国社会经济发展和高职教育结构调整的必然要求。

2. 完善高职教育体系

完善高职教育体系可以大大促进职业教育发展的合理化。一方面,完善高职教育体系有利于中、高职教育的沟通与衔接,有利于中等职业教育的毕业生继续深造,从而增加职业教育的吸引力。另一方面,大力发展高职教育,可以使高职教育成为一个完整的教育类型。当前,高职教育主要集中于专科层次,极大限制了高职教育功能的发挥。作为与普通高等教育并行发展的一个独立体系,高职教育要继续生存和发展下去,就必须健全体系,建立完整的教育层次。

三、社会性功能

高职教育的经济功能已为人们所熟知,而其社会性功能却是一个较为陌生的话题。当然,高职教育的社会性功能并不是高职教育本身固有的内在功能,而是在当前社会发展的特殊情况下所体现的特殊功能。了解高职教育社会性功能的这一特性,对更完整地理解高职教育有着启示性作用。

(一)推动高等教育大众化

高等教育大众化是当代社会发展的必然趋势,高等教育的发展适应了高等教育大众化的发展需要,是高等教育大众化的重要组成部分,在很大程度上满足了社会适龄青年接受高等教育的强烈需求。

总体而言,社会发展对高等教育的客观需要和国民对高等教育主观上的强烈需求,促进了各国高职教育的大众化。但目前我国高职教育的现状很难满足高职教育大众化趋势所带来的高职教育扩张的要求。我国在加快高等教育大众化的进程中必须另寻他途,即通过大力发展其他类型的高等教育,以改变我国高等教育的"千军万马过独木桥"的历史,使高等教育更好地发挥其社会服务功能。

为推动高职教育的发展,我国政府也先后制定了诸多政策,规定今后一段时间里,本专科生的增量指标主要用于发展等教育。为加速我国高等教育大众化的发展进程,满足社会各方面的需求,必须把发展高职教育视为整个高等教育发展的重点。

(二)积极解决就业问题

人口众多是我国的基本国情。然而,人口众多在带来极为丰富的劳动力资源的同时,也给就业问题带来了严峻的挑战,尤其是在生产力持续发展而劳动力素质普遍不高的情况下,失业问题不可避免地成为人们关注的焦点。因此,要从根本上缓解就业压力,最根本的就是提高劳动者素质,这就需要发展教育,特别是高职教育。此外,高职教育结构的不合理也是造成结构性失业的重要原因。因此,发展高职教育可以在一定程度上延缓当前的就业压力,而且通过职业技能的加强,人们可以为自己赢得更好的就业资本。

第二章

高职教育的人才培养模式与课程体系

第一节　高职教育的专业设置与人才培养模式

一、高职教育的专业设置

(一)专业与专业设置

专业,是指高职院校按照社会职业分工、学科分类、科学技术及社会、经济发展的需要而分成的学业门类。专业既是学校制定培养目标、人才培养方案,进行招生、教学、毕业生就业等工作,为社会培养、输送各种各类专门人才的依据,也是学生选择学习方向、学习内容,进而形成自己在某一专门领域的特长,为将来从事职业活动做准备的依据。

高职教育作为高等教育的重要组成部分,一方面,在专业设置上,遵循高等教育专业设置的共同原则:一是适应现代化建设的人才需求;二是适应科学技术发展的趋势;三是符合人才培养的规律。另一方面,又具有高职教育专业设置自身的特点。高职教育的专业设置必须更多地从自身特点上去探索。

首先,高职教育培养的人才直接针对社会职业岗位,高职教育培养的学生毕业时就要求已是职业岗位的合格就业人员,他们能顺利地履行岗位职责,承担各项本职工作,完成各项工作任务,毕业生一毕业就上岗,一上岗就能独立开展工作,基本不需要适应期。正因为如此,高职教育的专业主要是按照职业分工与职业岗位群对专门人才的要求而设置,强调职业性,强调综合职业能力的培养,学生所学的理论知识可能涉及几个学科的内容,不求系统、完整性,只求对本岗位的适用性。这与其他高职教育的专业设置主要以学科为主,强调该学科理论的系统性、完整性和毕业生就业的广泛适应性形成了区别。

其次,高职院校的专业设置面向技术含量高的岗位。当前,经济、科技的迅猛发展,给社会经济结构带来了以下巨大变化:一是产业结构的变化,从世界范围看,体现为第三产业持续上升、第一产业逐渐下降以及第二产业缓慢增长的特征;二是产业部门中的行业结构也在发生变化,一些行业如冶炼、钢铁、采掘等日渐收缩,一些新兴行业如电子、计算机、通信等日趋发展;三是各产业部门或行业的技术结构的变化,表现出由劳动密集型向技术密集型转变的趋势。这三个层面的变化,对现代社会的职业岗位结构产生了巨大影响,而高职教育正需要设置一些面向技术含量高的岗位的专业,这也正说明了国家为什么越来越重视高职教育,高职教育为什么得到迅猛发展。

另外,高职教育的专业口径可宽可窄,宽窄并存。专业的设置要满足社会的需求,要处理好社会需求的多样性、多变性和学校教育的稳定性的关系。学校一般设置那些有长期稳定人才需要的专业,对那些社会需求变动较大的专业,就可以通过设置口径宽一些,在人才培养后期通过加设专业方向来解决。专业设置口径宽窄的依据主要在于毕业生就业面向的岗位,如面向的职业岗位比较具体,则专业的口径宜窄,如涉外秘书、档案文书等专业;如就业面向岗位群,则专业的口径宜宽些,如现代纺织技术专业。当然,如果是"订单式"培养或者是企业自己办的学校,自然是针对当前企业生产技术的需要和发展的需要而办的,专业面不宜过宽,专业内容需要针对性强一些。

(二)专业设置的原则

1. 适应需求原则

所谓适应需求,就是指高职教育的专业设置必须适应经济、社会的发展和受教育者的需求,使所设置的专业建立在需求的基础上。即专业设置既要以市场需求为导向,根据当地产业政策的要求和产业结构、技术结构的变化开设经济发展、社会进步所需要的专业;又要从受教育者的需要考虑,满足就学者个人的要求。

2. 条件可能原则

需要与可能是专业设置必须遵循的原则,在强调需要的同时,也必须考虑可能,即设置专业所具备的条件。师资、教学设施等自身条件,是专业设置的基础,是实施专业计划、实现培养目标的前提。如果学校不顾条件盲目设置专业,不仅难以保证培养目标的实现,无法形成办学特色,而且可能影响专业的生命力,造成不良的社会影响。

3. 科学规范原则

学校设置专业应首先进行广泛的社会调查,仔细分析现在和今后一段时间人才需求的情况,分析比较这个专业在本地区同类高职院校中开设与发展的情况,分析开办该专业可能发生的成本,力求在一定的教育投入和运行成本的前提下,取得专业教育的最大效益、最高效率。

(三)专业设置的程序与方法

1. 专业设置的程序

(1)进行社会调查

高职教育要更好地为社会经济建设服务首先体现在专业设置上。专业设置合理,能保证人力资源的科学开发,使人才满足经济、社会发展的需要,推动产业结构、技术结构和产品结构不断升级与改善,为国家现代化建设和区域经济的发展注入新鲜血液和活力。反之,如果专业设置的不合理、不科学,如未能从经济发展的需求出发,脱离了经济社会发展的实际,就必然造成人才培养的失衡,影响高职教育的生命力。因此,为了确保专业设置得科学、合理,必须进行社会调查。

进行社会调查的目的,就是要弄清经济社会、产业结构、技术结构、就业结构的现状和发展趋势,明确今后一个时期当地的产业政策,搞清楚哪些是主要产业、哪些是支柱产业,哪些是新兴产业;此外还要进行人才资源调查,弄清当地人才的分布现状与需求情况,作为人才预测的依据。

(2)组织专家论证

为了防止社会调查中的片面性和认识上的局限性,在确定专业设置之前,必须进行专家论证。所谓论证,就是要对拟设置的专业的必要性、可行性进行科学的分析,内容涉及当前社会经济的发展、专业的分布、学校的师资准备、教学仪器设备场所的准备、教学文件的准备等各方面,通过邀请经济界、企业界、教育界的有关专家,通过反复深入的论证,力争形成一个科学、合理的意见。

(3)进行专业设计

专业名称确定以后,学校应制定专业培养目标,一般应包含职业服务方向和社会职业角色两个方面。要规定修业年限,高职院校目前一般为2~4年,3年居多。同时要界定业务范围,根据学生毕业后所服务的职业岗位要求,提出应掌握的专业知识和技能,明确专业教学的主要内容,提出专业基础课、专业课和实训课的课程名称。为了增强专业的针对性,对于专业面较宽的专业可设立若干个专门化或专业方向。

2.专业设置、调整的方法

(1)新专业的设置方法

设置新专业最容易也最常采用的方法是根据已有的专业基础,设置与学校原有专业相近的专业。这种方法能使新设的专业与已有的专业在课程结构、教学组织、师资配备和设备使用等方面有较大的重合度,使教育资源得到充分利用,也能为逐步扩大办学规模,增强办学后劲,拓宽办学渠道奠定基础。

另一种设置方法是根据社会需求,为使学校能及时地适应经济社会发展,而设置一些与原学校专业性质相去甚远的专业。这种专业的设置虽能较好地满足经济建设的要求,符合家长和学生的愿望,能为学校发展创造新的机遇,但此种设置方法使教育资源重复利用率低,教育成本大,教学管理也较复杂。

(2)旧专业的拓展方法

为了充分挖掘学校的办学潜力,提高办学效益,使已有的专业更好地适应经济、社会发展的需要,学校也往往采取以下方法对旧专业进行改造:

一是采用"宽基础、活模块"的方法,在专业设置中分两阶段进行,先按大类划分,不分具体专业方向,学习公共文化科学知识、专业基础知识与技能,夯实专业基础,拓宽专业面,然后根据人才市场需求,再划分具体专业方向。其优点是有利于解决人才预测难度大,社会需求变化快与人才培养周期长的矛盾,既能对人才市场需求迅速做出反应,不断地派生、分化、拓宽、开发新专业,又能保持专业大类相对稳定,提高教育资源的利用率。同时,还可以为学生提供二次选择专业的机会,满足学生个性发展的要求。

二是采用"老树发新枝"的方法,在成熟或具有优势的老专业的基础上延伸、拓展形成新的专业。延伸是在具有优势的老专业的基础上或是部分改变专业课的组成,形成新专业。

二、高职教育的培养目标

(一)高职教育的总体培养目标

培养目标在教育工作中占有重要的地位,它不仅是教育教学活动顺利开展的前提和基础,同时也是教育活动的归宿。所谓培养目标,就是在国家总的教育目的的指导下,各级各类教育对受教育者的发展方向、教学内容及应达到的规格所提出的要求。培养目标是一个具有系统性、层次性的概念,我国各级各类教育的培养目标构成一个总的目标体系,高职教育的培养目标就是其中一个组成部分。

从培养目标的构成内容来看,它是由培养方向和素质规格两个部分组成的。培养方向是指受教育者将应在社会中扮演什么角色,而培养规格是指受教育者的科学文化、专业素质、思想品德、身心素质应达到的规格水平和程度。

1. 社会条件及社会需要是确定高职教育培养目标的直接现实依据

职业教育的发展是随着社会的发展而发展的,大工业出现以前的职业教育是以"学徒制"为主要形式的教育,所培养的小生产者既是设计者,又是制造者。大工业出现以后,由于生产日益依赖于科学理论的指导作用,需要造就一批掌握科学理论并能把理论应用于生产实践的技术人才。于是,以"学徒制"为主要形式的职业教育开始演变为两种基本类型的教育:一种是培养产品设计、开发、研究和企业管理人才的高职技术教育;另一种是培养直接从事产品生产制造的技术工人的职业教育。此后,随着生产技术的飞速发展,再次对工程技术人才的结构提出了新的要求。这些要求是:一方面,科学理论对生产技术的指导作用进一步广泛和深入,企业越来越需要专门从事理论研究的人才,培养工程师一类的教育偏重向理论方向发展;另一方面,随着产品结构、精度、质量等要求的提高,培养技术工人的教育也进一步向具体化、专门化发展。然而,科学理论并不能直接转化为工人的技术操作,不能直接变成生产和产品,必须有一种人才作为桥梁,才能完成这种转化,这类人才的培养通常由中等和高职教育来完成。

劳动者的素质和科技创新能力不高,已经成为制约我国经济发展和增强国际竞争力的一个主要因素。我国既需要培养一大批从事科学研究、工程规划设计的人才,也需要培养一大批在生产第一线从事施工、制造等技术应用工作的专门人才。没有这样一批擅长工艺技术、生产组织和经营管理的人才,即使有最好的研究成果、一流的产品设计,也很难制造出在国际上具有知名度的一流产品。高职教育正是顺应了这种要求而得以蓬勃发展,高职教育以培养适应生产、建设、管理、服务第一线需要的高职技术应用型人才为根本任务。

2. 直接针对社会所需的职业岗位是高职教育培养目标的特点

我国高职教育的培养目标要在马列主义关于人的全面发展的理论指导下,依据我国社会主义事业对建设者和接班人的要求,同时遵循学员的身心发展规律来制定。具体地讲,就是要依据我国的教育目的,培养德、智、体、美等全面发展的社会主义建设者和接班人;要依据我国高职教育的普遍要求,培养具有独立工作能力的专业技术人才和管理人才;要依据社会就业市场对人才的要求,培养社会主义市场紧缺又急需的人才。高职教育作为我国高职教育的组成部分,在培养目标上,同其他类型的高职教育自然有着相同的地方,如培养社会主义建设者,培养德、智、体、美等全面发展的专业人才等,但是除此以外,它也有着自己的特点——直接针对社会职业岗位。高职教育要求培养的学生毕业时就已是职业岗位的合格就业人员,他们能顺利地履行岗位职责,承担各项本职工作,完成各项工作任务。高职教育强调人才使用的时效性,毕业生一上岗就能独立地开展工作,基本不需要适应期。

高职教育的培养目标要求其人才质量应符合以下几个方面:一是具有形成技术应用能力所必需的基础理论知识和专业知识;二是具有较强的综合运用各种知识和技能,解决现场实际问题的能力;三是具有良好的职业道德、爱岗敬业、艰苦创业、踏实肯干、与人合作的精神,安心在生产、建设、管理、服务第一线工作;四是具有健全的心理品质和健康的体魄。

(二)高职教育的专业培养目标

高职教育专业培养目标是高职教育培养目标中的下属目标,它作为教育活动的第一要素,最直接地为教育者和受教育者双方指明活动方向,具有预定发展结果的目标导向和激励调控功能以及为教育评价提供依据的价值尺度功能。它承上启下,一方面要体现国家的教育目的、层次、科类目标的共同要求;另一方面,直接指导专业教学计划,组织课程体系。此外,专业培养目标给受教育者一个比较明确的目标,引导受教育者朝着预定方向努力。因此,专业培养目标的设计在专业建设中占有重要地位,专业培养目标应该具体、清晰。

1. 高职教育专业培养目标的构成要素

高职教育专业培养目标应包括两个方面的内容:一是培养方向,这是由职业教育的性质和任务所决定的。二是目标的构成结构,这是制定培养目标的核心问题。教育作为一种有意识地培养人的社会活动,不仅仅给受教育者传授一些知识,形成某些能力,更重要的是培养一种良好的综合素质。一个专业培养目标实现的过程,实际上是学生掌握知识的过程、形成能力的过程、养成素质的过程。知识、能力、素质是专业培养目标的构成要素。

(1)知识结构

所谓知识是指人类在改造世界的实践中所获得的认识经验的总和。知识结构就是人类知识内化到个体头脑中所形成的类别、数量、质量及相互联系。合理的知识结构是综合素质形成的第一个过程,是良好综合素质的基础。高职教育专业的、合理的知识结构应满足现代社会对技术应用型人才的需要,体现出高职教育的特点。

(2)能力结构

能力是指顺利完成某项任务的心理特征,是个体从事一定社会实践活动的本领,它是在合理的知识结构基础上所形成的,是多种因素的综合。和知识相比,能力不仅存储在头脑中,更重要的是体现在活动中。它抽象、无形,一旦形成后不易失去。合理的能力结构是从事职业、适应社会、寻求发展的基本而关键的条件。

(3)素质结构

素质是指在先天生理的基础上,受教育、环境的影响,通过个体自身的认识和实践所养成的比较稳定的身心发展的基本品质。素质与知识和能力相比,层次更高。培养以创新精神和实践能力为重点的良好的综合素质是素质教育所希望达到的目标。一般认为,知识是能力的基础和前提条件;能力是知识的抽象和内化;素质则是知识与能力的升华和高层次上的再现。素质比知识和能力涵盖的范围更广,由于它是多种品质的内在结合,因此难以割裂开来。

2. 高职教育专业培养目标的构建

一个专业的培养目标一定是一个可以落实的培养目标,这不仅表现在目标的定位合理,也表现在其要求是明确清晰而不是含混模糊的。为此,必须将培养目标逐层分解,对知识、能力、素质等各类目标都要统筹兼顾、综合规划,使其在目标体系中各占应有的地位和比重,并且有计划、有步骤地落实到各个教学环节上。

专业培养目标首先要细化,分解为一套由知识、能力、素质各要素构成的目标体系,然后分解转化为教学计划中各门课程的目标,再逐项分解到理论性的单元目标、课时目标,或实践性课程的各阶段目标上。在这一细化的过程中,同时构建了专业培养目标和教学目标,专业培养目标的构成在形式上应与教学目标相对应,内容表述上应与教学目标相衔接。

由于高职教育培养目标与其他高等教育存在差异性,因此,当专业培养目标细化到比较具体的知识、能力、素质时,也表现出较大的差异性。普通高等教育在设计专业培养目标时,其专业的知识、能力、素质要求往往是从学科的角度出发的,适当结合社会用人单位的要求,从基础到专业,按照学科自身体系来确定教学内容。而高职教育则是以职业岗位的工作能力为核心,在提出专业的知识、能力、素质要求时,一般是从职业岗位分析出发的,从岗位能力要求中分析出教育培养目标的要求,以必须够用为原则选择各学科的知识。

三、高职教育的人才培养模式

所谓人才培养模式是培养人才的教育模式,是在先进的教育理念指导下,按照培养目标而设计的人才培养的步骤、方法、环节等,同时建立起一套保障机制与质量评价体系,保障人才培养目标的实现与人才的质量。在我国大力发展高职教育的今天,研究高职教育的人才培养模式的建构其意义十分深远。

(一)构建高职教育人才培养模式的意义

1. 高职教育办学质量的要求

21世纪的竞争是科技与人才的竞争,我国高职教育培养出符合其目标和规格、满足经济发展、适应社会需求的人才,既是学校工作的主题,也是事关高职教育发展和生存的基础。

近年来,随着教育大众化的到来以及国家大力发展高职教育,各院校招生的规模不断地扩大,办学条件相对削弱。为了保证高职教育持续、健康、稳定地发展,各院校就必须牢牢把握规模、结构、质量、效益的协调发展,就必须研究教学改革的保障措施、配套政策、资金支持。此时,构建专业人才培养模式,有利于学校在处理各种关系时,把质量放到核心地位,成为大家关心的热点,有利于改善办学条件。

我国高职教育发展迅速,要构建高职高专的人才培养模式,可以全方位进行改革、重组与建设,推动高职高专办出特色,通过落实以技术应用能力和基本素质培养为主线,建立专业人才的知识、能力和素质结构;建立与专业培养目标相适应的理论教学体系与实践教学体系,落实师资队伍建设、教材建设、实验室和实习实训基地建设规划等,最终保证人才培养目标的实现。

由于社会的发展和科技的进步，与专业相对应的岗位与岗位群处于一个不断变化的动态系统中，就要求高职教育不断调整专业培养目标和教学内容，不断调整"知识、能力、素质"结构，改革教学内容、课程体系、教学方法与手段，建立高职高专人才培养的动态模式，这样才有利于培养未来国家经济发展所需的各类技术与管理人才，唯有适用的人才才是高质量的人才。

2. 高职教育本土化的要求

中国是一个拥有五千年文明史的文化大国，历来重视教育，有着丰厚的文化底蕴和独特的教育思想，吸收和借鉴世界各国优秀的教育理念、教育思想，使之适合本国、本民族的具体情况，坚持国际化与本土化相结合，就可以探索出有自己特色的高职人才培养模式。

事实上，我国教育基础、文化背景、民族传统和经济状况与世界各国有很大的不同，我国的高职教育只有在本国现有条件的基础上发展才是最现实可行的。我国教育的基本国情是要求受教育的人多，教育资源不足，各种教育制度特别是职业教育方面的制度尚不够完善、健全，我国的人才培养方案必须针对这个现实，注重教学评价标准与评价方式的建设。教育中，不仅要教会学生做事，更要教会学生如何做人。学生是在继承中国传统文化与优良传统的基础上汲取新知识和新技术，要对学生进行谋生与创业的教育等，这就要求在素质教育与能力培养中加以体现。这些并不是照搬照抄他国的教育模式就可以实现的，它需要创新，建设有自己特色的高职人才培养模式。

3. 高职教育自身发展的要求

我国是一个人口众多、地域广阔的大国，人们对教育的需求是多样化的，各行业对人才的要求是多样化的，各地区的发展是不平衡的，因此人才培养的模式也是多样化。构建高职人才培养模式，就要处理好知识、能力、素质结构的关系。根据专业需求的不同，在基础理论、专业理论教育体系和实践教学体系的安排上，也有不同的比例。有些专业根据行业发展的需要，基础理论或专业方面可以宽一些，以增加专业适应性；而有些专业根据行业的需要，应加大技能性的训练，实践环节的比例应大一些；有些专业因为与企业结合比较紧密，教学安排要与企业的生产实践同步，教学进程就必然有自己的要求等。具有特色的人才培养模式，有利于形成专业的特色、学校的特色。

发达国家高职教育成功的一个重要原因就是在劳动就业方面有强有力的国家资格框架，行业有职业资格制度，由于职业资格的考核标准不是学校自己确定的，因此，在某种意义上其考核具有客观公正性，也有利于建立高职的社会公认的质量标准。构建高职人才培养模式，深入进行专业教学改革的社会背景、行业背景分析，进行专业人才的社会需求分析，邀请企业、行业专家参与教学改革与模式创建，共同来确定人才的能力要求、评价标准，这在我国目前尚无全面的职业资格标准的情况下，无疑会增加高职教育的社会认可度，有利于培养出合格人才。

总之，人才培养质量的提高，需要一个科学合理、不断适应国内外市场变化且具有特色的人才培养模式。不断研究并构建高职高专人才培养模式，有利于我国高职教育的不断发展。

（二）高职教育人才培养模式的结构分析

在这里有必要先介绍一下课程。"课程"一词有多种解释，至今还没有一个公认统一的课程定义。人们一般认为，"课程"作为一种培养人的总体改革设计方案，它是教育机构为实现教育目的和培养目标而实施的一切活动及其安排的总体规划，其表现形式主要是根据各种客观要求而编制的一系列方案和文件。这是一个比较广义的课程概念。也可以认为人才培养模式就是课程模式。

当代科学技术知识的增长是快速的，由于学历教育的学习时间、学习周期的有限性，每个人学习的兴趣和能力又是多样化的，所以无论是高等教育还是其他高职教育的课程设置均使用模块化的方式，采用"活模式"构建不同的课程结构，以适应不同的培养目标。下面介绍高职教育中常使用的几种课程模式。

1. 单科分段式课程模式

单科分段式课程是指针对某一特定职业或工作岗位的需要，以学科为中心进行的课程设置，其基本结构分为基础课、专业基础课、专业课三段。课程注重学科体系的完整性，关注学科基础理论。课程开发的参与者主要是专家和教师，通常采用比较主观的方法，直接将"人才规格要求"与学科联系起来，把掌握学科知识作为培养对象的能力主体，并在课程实施中，将其作为评价某一门课程乃至学校教育质量高低的标准。因此，单科分段式课程模式又称"学科本位型"课程模式。

2. "宽基础、活模块"式课程模式

这种课程模式采用了面向职业群集的方式，在课程内容上，采用模块化的组合方式。"宽基础、活模块"的课程结构分为两部分，第一部分是"宽基础"，第二部分是"活模块"。该模式以综合职业能力的形成作为课程目标的核心，认为综合职业能力是由关键能动者谋求发展所需要的高层次能力；从业能力是基本层次的职业能力，是针对某一种职业的能力，是劳动者生存与立足于社会必备的基本能力。"宽基础"侧重于关键能力的培养，"活模块"侧重于从业能力的培养。

"宽基础"是指所学内容并不针对某一工种，而是一个职业群所必备的知识和技能，着眼于学生综合素质与能力，强调通用技能的训练和关键能力的培养。"宽基础"阶段课程也可分为几大板块，如政治文化类板块、工具类板块、公关类板块、职业群专业类板块等。为了便于教学内容的组织与更新，每个板块又是由一系列子模块所组成。

"活模块"是指所学内容针对某一特定职业所必备的知识和技能，着眼于强化从业能力，提高学生的就业竞争力。"活模块"课程结构，既有利于学校根据市场变化进行选择，又有利于学生根据个性特点和发展需求进行选择。课程内容的模块化结构，还可使课程内容及时更新，紧跟科技进步。

3. 矩阵式课程模式

这种模式强调以能力作为课程开发的中心，以能力为主线设计课程。它的基本思路是：

在社会上挑选若干该专业面向的职业岗位上的优秀专业人员、管理人员,组成一个职业专家委员会,集中几天时间,专门描述岗位的职责、工作、任务,同时分析为履行这些职责、完成这些工作任务,毕业生必须具备的知识、技能、态度等,以及工作中需要用到的工具、设备等,并尽可能描述得详尽、具体。然后,由学校有关教师将职业专家的描述进行分类、归并,并以完成任务为中心将这些知识、技能、态度等基本要素联系起来,形成若干个课程模块。再根据学生的实际需要以及模块本身的逻辑顺序、水平等级,做出仅适合于某学生或某一类学生的个性化的课程计划。这种结构运用灵活,职业针对性强,但教学内容较窄。

第二节 高职教育的课程体系构建

一、高职教育课程体系构建的依据、原则与步骤

(一)课程体系构建的依据

1. 课程体系与环境相适应

充分体现培养目标和专业规格,适应社会经济发展的需求,反映科学技术发展的现状与趋势,符合学制及学时限制等,是课程体系形成的外部环境依据。环境制约着系统,系统要适应环境。课程体系构建与环境适应主要体现在以下几个方面。

(1)与科学技术发展相适应

当代科学技术发展主要表现出三个方面的特征:①发展速度呈加速增长的趋势;②既高度分化又高度综合,而又以高度综合为主的整体化趋势;③科学技术转化为生产力的速度越来越快。同时,我国经济体制的成功转型和全球经济一体化也深刻地影响了我国的经济运行,社会经济快速发展对人才的素质和能力的要求变高。随着科学技术以学科为体系迅速发展,科学技术的分工越来越细,高职教育的专业越来越多。人类实践领域的扩展,使许多科技发展是在跨学科基础上进行的,边缘学科层出不穷,综合思维日益显示出重要性。发达国家已经开始从东方传统哲学中寻找理论依据,分析与综合的结合成为科技发展的重要特征。

(2)与产业结构调整相适应

目前我国正在做经济结构调整的工作,国情的特点决定了我国高职教育更强调专业设置要适应生产力的发展水平。我国人口多,经济发展不平衡,经济转轨还没彻底完成。多数企业不能也不愿意承担职业技术教育经费,更不愿将先进设备放到学校委托其进行职工继续教育。因此,高职技术教育不可能针对几个企业的具体岗位培养人才。为此,高职技术教育的专业设置,应针对职业岗位群开设大专业,覆盖面要宽一点,人才的复合性要更强一点,从而有利于企业和毕业生的双向选择,有利于毕业生适应变化的岗位需求,拓宽就业面。所以,大类专业、双专科专业应运而生,一年级多开一些共用基础课、拓展性基础人文课,允许在二年级根据个人兴趣和社会需求改变专业。使学生打牢基础,拓宽就业面,具有持续发展

的能力,已成为高职教育课程改革的方向之一。

(3)与高职教育的培养目标、人才规格、社会需求相适应

高职教育既是高职教育的组成部分,又是职业和技术教育与培训的高层次,是整个教育体系的与其他各类型教育既有机联系又相对独立的组成部分。在课程体系中,课程类型的选择和不同比例,形成了教育活动的不同性质或类别;课程内容各要素的不同广度与深度形成了各教育的不同层次级别。高职教育的课程实质上是在培养目标、人才规格、社会需求等方面与其他类型和层次教育相互区别的具体体现,从而形成了这类新型人才规模培养的需求和条件。只有这样,才会体现出高职教育发展和功能的不可取代性。

2. 课程体系与教育思想

教学内容和课程体系改革是高职教育教学改革中最活跃的部分,而在进行教学内容和课程体系改革的时候,首先遇到的问题就是用什么样的教育思想进行指导以及如何在教学内容和课程体系的构建之中具体实施高职教育思想。目前,高职教学内容和课程体系最集中地吸收并体现了下列高职教育思想。

首先,体现了"全人"教育思想。"全人"就是指全面发展的人。培养"全人"既是对人才培养目标的一种规定,同时也是高职教育改革的指导思想。高职院校中任何教学内容和课程体系的变化都是围绕高职教育目标和人才培养规格的变化而变化的。"全人"教育思想对教学内容和课程体系的改革的影响具体体现在:更加注重素质教育,重视学生创新能力的培养,注意学生的个性发展,全面因材施教;强调了"必需、够用",这既是高职教育对基础理论的基本要求,又是最高限度;减少了过多的专业理论课的比例;课程内容多样化,通过增加选修课的形式来满足学生的多方面需要;改变以往忽视人文教育的情况,人文教育课程、社会科学课程和自然科学课程在课程体系中获得同样重要的地位,使得学校课程结构趋于合理化。

其次,体现了终身教育思想。终身教育思想对教学内容和课程体系改革的影响具体体现在:高职教育课程着眼于学生的发展,注重学生学习能力的培养和强调科学方法教育,注重教会学生学习的方法和对学生品格的塑造;强调学生习得知识的心理逻辑和人类获得这些知识的历史线索,获得知识的过程和科学研究方法,以及学生应该掌握的继续学习的技能。高职教育课程不单纯追求某一学科知识的系统性和完整性,它打破了传统的学科知识结构,将相近的学科知识内容进行中心构建,形成新的课程体系,突出科学本身的整体性,而不再过分强调学科与学科之间的界限,这有利于扩大学生学业的基础知识面,最大限度地减少过分专业化所带来的缺陷,有利于学生同时接受不同学科知识的熏陶,加强文理学科知识之间的渗透,以弥补"两种文化"之间的鸿沟;普遍压缩了课内教学时数,增加了课外学习的时间,并对学生的课外学习提出了更高的要求;在整个课程体系中增加实践性教学的比重,尤其是理工科类实验教学中,减少了验证性实验,增加了探索性实验和综合性实验,提高了学生的动手能力和创造能力。

最后,体现了教育国际化思想。教育国际化是现代科技发展和信息化社会的产物,它对

我国高职教育课程改革具有深刻的影响。教学内容和课程体系改革中也出现了国际化的倾向。如大胆借鉴和积极吸收世界各国高职教育改革的一切先进的、有益的经验和成果，CBE理论、"双元制"等职业教育思想或模式下的课程体系得到广泛的移植和应用；重视和加强外语与计算机课程教学，大多数学校提出了外语和计算机教学不断线；在文化素质教育中开设了世界历史文化、外国文学导读、哲学史、当代世界政治经济与国际关系等课程；在财经、法律、管理等专业方面开设的课程也尽量与国际接轨，有些课程还采用了外文教材。

3. 课程目标与实现取向

课程目标是课程在一定阶段力图达到的教育目标，是通过课程实施所要完成的指标体系，包括课程总体方案中的培养目标以及分科标准中的分科目标两个层次的内容。课程目标具体地指示课程的进展方向，标示课程的范围，提示课程的要点，决定课程内容的选择和组织，指导教学评价工作，是实现课程宗旨的重要保证之一，是课程的基本要素。高职教育的课程目标引导着高职教育的过程及其结果的总的方向，使其发挥着与其他教育类型和层次所不同的功能。

(1) 高职课程目标的价值取向

① "行为目标"取向

"行为目标"是以特定的外显行为方式陈述的课程目标，它指明整个课程活动结束后学生身上所发生的行为变化，阐明学生应该做什么，要达到什么程度，以对行为的控制为核心。"行为目标"的基本特点是目标的精确性、具体性和可操作性。"行为目标"具体、明确，既便于安排教学过程，也便于准确评价和有效控制教学过程。为了对人的行为进行有效控制，可以对目标进行分解，使之尽可能具体、精确，从而使其具有最大限度的可操作性。课程目标来自对广泛的人类经验和现有社会职业的分析，其关注的焦点是具有工具性和效用性的基础理论知识和基本操作技能。高职教育课程开发活动应体现相关职业的专业知识要求和操作技术要求，这种要求实际上由一系列具体、明确的特定职业岗位能力要素所组成。因此，高职教育课程目标的制定以培养学生掌握特定职业岗位能力要素为旨归，由分解的行为构成要素组成整合的行为能力，正是"行为目标"取向的追求所在。

② "展开性目标"取向

"展开性目标"是在教育情景中随着教育过程的展开而生成的课程目标。它是问题解决的结果，是人的经验生长的内在要求。"展开性目标"最根本的特点就是过程性，它是针对"行为目标"的不足而发展起来的。"展开性目标"否定预定目标对实际过程和手段的控制，对学生和教师在课程活动中的主动性表现出应有的尊重。"展开性目标"取向的基本宗旨是通过活动过程培养学生获得以知识体系为支持的批判性和创造性的思维能力，这是使学生进入"知识本质"的过程。在这个过程中，学生获得了灵活运用知识的能力，即获得了运用所掌握的理论知识解决实际问题的能力。

高职教育旨在培养具备足以指导技术应用和解决技术问题所必需的理论知识的人才，这类人才的特质在于具有较强的理论联系实际的能力。这种能力实际上就是综合运用理论知识来解决职业岗位中技术问题的能力。解决问题的能力主要依赖于大量的经验性知识和隐性知识。由于这种知识具有对现场情景的依赖性和综合性,所以它总是与一定的工作情景联系在一起,既不能仅仅通过理论知识的学习获得,也无法借助"行为目标"预先设定,而是通过学生在具体活动过程中随着问题的不断解决逐渐积累形成的。随着活动的持续展开,学生解决问题的能力也在不断提高,而这一点正好与"展开性目标"的追求相吻合。

③"表现性目标"取向

"表现性目标"是指每一个学生在具体教育情景的种种"际遇"中所产生的个性化表现。"表现性目标"取向只为学生提供活动领域,至于结果则是开放的,强调学生与教育情景的交互作用,把课程视为发挥学生主体性的过程;强调学生的个性发展和创造性表现,因而它又比"展开性目标"取向更进了一步。由此可见,"表现性目标"取向在培养学生的个性发展、创造精神以及人格陶冶等方面比较适宜。

随着终身教育、继续教育、可持续发展等观念的确立,高职教育开始从生涯规划的角度关注学生的全面发展,即注重把学生的智力、体力、情绪、伦理各方面的因素综合起来,使其成为一个完善的人。相应地,高职教育课程开发呈现出学科本位—能力本位—人格本位发展的趋势。这种发展态势说明,当代高职教育课程开发的一个重要指导思想,就是要把高职教育从培养单纯的"技术劳动者"变为"技术人文者"。这种课程理念客观上要求将以人为本的思想贯穿于高职教育课程开发的全过程。人格为本的课程观的重心在于培养学生的主体意识和创新思维,以充分挖掘学生的潜能,因而人格为本的课程目标必然注重学生个体的心智活动,这恰好与"表现性目标"取向关注学生在课程实践中表现出的复杂的智力性活动相一致。因为这种智力性活动往往是学生凭借已有的知识和技能所进行的创造性活动,所以这种活动不仅使学生的综合能力、创新能力、个性等多种素质得到培养,而且可以使学生的职业意识、职业态度、职业探究能力得到锻造。尤其在培养创业意识、创业能力成为世界各国高职教育共同追求目标的今天,"表现性目标"取向所蕴涵的意义更得到了彰显。

(2)课程目标多元化与兼容性

高职教育与生产具有直接性的关系,不仅要求高职教育课程目标更为符合生产一线的实际知识、技能和态度以及能力培养,还要求能及时反映生产一线的变化。由于"中间型""桥梁型"人才在实际工作中的人员类型与层次界限的模糊性,高职教育的课程目标要远比其他类型高职教育种类多、层次复杂、变化快。

从三种课程目标取向的实质来看,"行为目标"追求的是具有控制本位思想的"工具理性",关注的是简单的外显行为,在训练学生掌握具体的知识和技能方面比较适合,但人的许多心理活动很难用可观测的行为来预先具体化、分解化,所以它难以涉及复杂的心智活动。"展开性目标"追求的是注重过程的"实践理性",在培养学生解决问题的能力方面比较有益,但对教师和学生的要求较高。而"表现性目标"追求的则是"解放理性",在培养学生的自主性和创造性方面比较有效,但在现实中却很难保证使所有的学生都达到课程目标的基本要求。由此可以看出,从"行为目标"发展到"展开性目标",再发展到"表现性目标",并不意味着"展开性目标"和"表现性目标"否定了"行为目标"的合理性,而是基于更高的价值层面追求对"行为目标"取向的超越与完善。鉴于"行为目标"只能培养学生较低层面的素质,因而要用高层次的"展开性目标"和"表现性目标"整合"行为目标",使之为学生的全面发展服务。

就高职教育而言,"行为目标"有利于培养学生掌握特定职业岗位或岗位群的基础理论知识和基本操作技能,"展开性目标"有助于培养学生解决实际问题的能力,而"表现性目标"则有利于培养学生的创新能力、职业探究能力以及职业意识、职业道德、个性品质等综合素质。传统的职业教育大多采用的是"行为目标"取向,但在普及终身教育思想的今天,高职教育培养目标的基点应立足于学生今后的可持续发展。不仅要为学生掌握各种技术奠定牢固的知识基础,而且必须培养学生的心理功能并激发其创造精神,帮助他们理解一些科学原理并训练他们具有应用这些原理的能力,帮助他们掌握普通的技能并鼓励他们对工作持有一种积极的态度和良好的工作作风。

高职教育作为一种高层次的职业与技术的继续教育和培训,它的课程目标不能只局限于正规的学历教育,必须实施学历教育与非学历教育、正规教育与非正规教育、学校教育与短期培训、文凭与证书多元目标并举,以满足社会和个体发展的多种需要。在知识经济时代,随着各行各业生产技术的不断提升和综合,高职教育课程不能仅限于培养行业相关素质,而应考虑培养对象素养的自主、充分发展,以提高个体的适应能力和发展能力。高职教育课程目标的价值取向由单一的"行为目标"向"行为目标""展开性目标"和"表现性目标"多元整合的方向过渡,实质上就是科学主义与人文主义相结合的发展趋势在高职教育领域中的折射。这体现了职业教育领域对人的主体价值和个性解放的不懈追求,反映了时代精神的发展方向。高职教育课程目标的多元化和兼容性是反映这一时代特征的必然特点。

4.课程功能与价值取向

(1)课程功能的价值取向

高职教育课程功能的价值取向按其发展大致分为三个阶段。第一阶段的价值取向主要是社会本位价值,它根据社会对劳动力和人才的需要来决定,重视用专业性职业规格设计规范课程计划,追求课程的工具性价值。第二阶段的价值取向是把社会本位价值和学校教育本位价值联系起来考虑,追求课程的效用性价值。第三阶段是将终身学习、终身教育、学生的个性发展、高职教育的可持续发展策略,与学生的中心地位、培养创新精神和技术应用能力等学生本位价值取向有机地结合起来,审视课程的功能价值,追求课程的发展性价值。

课程包含课程的教学,必然反映社会发展的现状和趋势,课程的价值自然以社会本位价值取向为主导,同时必须体现学校教育在人才培养中的特殊功能和作用,应确立实现教育的各种社会本位价值、学校本位价值、学生本位价值取向的有机整合。在课程功能的价值取向上,正在走出单纯围绕生产世界对人的能力与素质要求的思维框架,实现学生职业能力发展与内在精神建构二者的有机结合。为此,高职教育从单纯培养学生的职业岗位能力向培养学生的社会适应能力、综合职业能力、创新能力以及情感、态度、价值观等多种素质相融合的方向发展,以追求工具性价值、效用性价值和发展性价值的统一。

(2)课程体系与课程理念的价值取向

课程观(理念)是人们源于哲学、心理学、社会学、技术学、教育学、课程论等方面的原理或主张,进而形成对于课程的基本观点或一般看法。高职的课程理念的确立,是进行高职教育课程体系的开发与改革以及构建高职教育课程体系时最为核心的理论思考,是高职教育提高质量、办出特色的前提。

高职教育的课程理念按我国高职教育发展的不同阶段主要有以下三种表述。

①职业能力为本位的课程理念

职业能力是指综合的称职的就业能力,包括知识、技能、经验、态度等为完成职业任务所需的全部内容,非技术性的职业素质,职业领域内的职业岗位变动时良好的适应性和所具有的就业弹性、创新精神和开拓能力。

②综合能力为本位的课程理念

综合能力可分为综合能力结构与综合能力层次两部分。综合能力结构由专业能力、方法能力及社会能力三大部分组成。专业能力是指从事职业活动所需的职业技能和相应的知识,它既包括劳动者胜任本职工作赖以生存的核心本领,又包括作为"职业人"应掌握的不同职业领域所需的通用本领;方法能力指的是从事职业活动所需的工作方法和学习方法;社会能力指的是具备从事职业活动所需要的行为能力。综合能力层次又分为从业能力和关键能力两部分。从业能力是指从事一项职业所必备的能力;关键能力是指超现状岗位的适应能力。

③素能体系建构为本位的课程理念

这种观点认为应把能力的内涵和能力的培养有机地结合起来,从整体结构、整体功能上进行优化,形成可实施的,并可以不断组合的开放式的有机序列体系。这个体系由知识、能力、素质三部分构成。知识指的是职业领域内的专业知识和专业技能的总和;能力指的是以技术应用能力为核心的从业能力;素质包括基本素质、职业素质、扩展延伸素质。基本素质主要指思想、文化、身心等方面的共性素质;职业素质主要指业务素质、工程素质等诸方面的从业素质;扩展延伸素质主要指继续学习、创造性等方面适应个人和社会可持续发展的素质。

以职业能力为本位的课程观兴起于欧美国家,这一课程观对改变世界职业教育只注重知识传授、忽视能力培养的偏向起了积极作用,是对传统学科型课程的一大变革,它更好地体现了职教课程的特色,也更有利于技术人才培养目标的实现。但是,职业能力终究只是人们改造外部物质世界的一种能力,是人的一种外在发展形势,表现为学历证书和职业资格证书。职业能力始终是与生产世界联系在一起的,不管人们把"能力"理解得多么丰富和宽广,它也无法涵盖人的发展的另一个方面:以道德、情感、信念、意志、人格、自由、审美、价值、理想等构成的精神世界的发展,而这些是人的全面发展目标中极为重要的因素。因此,将职业能力作为高职课程的全部价值所在是有悖于教育宗旨的,是不利于学生的全面发展和学生谋求幸福生活的需要的。职业能力是一个人胜任工作、生活幸福的基础,但它并不能保证其工作出色、生活幸福。因为一个人要能完全胜任工作并充分享受工作的快乐,就应该懂得社会学、历史学、心理学、文学和基础艺术等各个方面的知识。

综合能力观着重从社会角度对劳动者应具有的能力进行描述,这种描述是相对完整的。职业能力观可以看成是从职业教育培养目标的角度对综合能力的另一种不完全的解释。随着我国经济的进一步发展,以及高新技术的广泛应用,一些低技术岗位渐渐消失,智力成分和技术含量高的新型岗位不断涌现,因而职业岗位对就业人员的技术水平和综合素质要求更高,综合能力的培养在高职课程中的地位将更为突出。

素能体系的建构兼顾了社会发展和学校教育两方面的要素,这是因为从教育功能上,社会需要劳动者具有什么能力,学生应具备什么能力,学校怎样培养学生的能力,三者不可相互割裂。高职教育与技术能力、适应就业等关系密切,但它终究还是一种教育,而不是一种训练。训练不同于教育,训练只意味着特定技能的获得,天然的才能可以训练得效率更高而不养成新的态度与性情,后者正是教育的目的。从知识、能力、素质三者关系上看,知识、素质是形成能力的基础,能力是知识与素质互相作用、协调发展的外在表现。教育是人的灵魂的教育、做人的教育,而非仅仅是知识的堆积和技能的提高。如果高职教育只教人"何以为生"的知识和本领,而放弃"为何而生"的内在目的,让人不能从人生的意义、生存的价值等根本问题上去认识和改变自己,抛弃塑造人自由心灵的那把神圣尺度,把一切教育的无限目的都化解为谋取生存适应的有限目的,那它也就"失去了一半的人性,失掉了一半的教育"。从学生形成能力的过程看,能力是在适应社会发展要求和实现学校教育目标的过程中共同作用的结果。因此,在高职课程观的取向上,注重培养和发展学生的职业能力与素能体系建构过程有机结合,是高职课程建设在今后一段时间里的主要奋斗目标。

(二)课程体系构建的原则

1. 适应发展原则

在坚持"教育要面向现代化、面向世界、面向未来"的方针,遵循高职教育的规律和适应现代高职教育的发展趋势的总体前提下,高职课程必须服从于社区或区域经济发展的需要,按照经济发展的规律和产业发展预测,通过市场调查和实际论证后进行,紧紧围绕当地经济、发展趋势,按产业构成、产业布局开发设置课程。

2. 素能本位原则

从高职学生的素能体系的内涵出发,处理好知识、能力、素质的层次和类型的关系。知识结构上,着眼于专业相关职业领域内的专业知识和专业技能,强化岗位群内的适应能力和就业弹性;在能力结构上,着眼于以技术应用能力为核心的从业能力;在素质结构上,着眼于基本素质、职业素质,兼顾扩展延伸素质;在能力培养上,重视学生创新能力的培养,注意学生的个性发展、全面因材施教。

3. 复合性原则

高职教育以培养学生的综合能力为目标,使学生具有专业、方法及适应社会的能力。这就要求课程体系构建要遵循复合性原则,即处理好素质教育与职业教育之间的复合,科学教育与技术教育之间的复合,教与学之间的复合,科学知识、社会生活和学生经验的整合,以利于学生在学以致用的同时,能不断适应社会的变化,开发自身潜能;注重改革的科学性,正确处理好知识、能力和素质的关系,传统教学内容和现代化教学内容的关系,继承与创新的关系,统一性和多样性的关系等;既要大力弘扬我国优秀的民族文化,又要大胆借鉴和积极吸收世界各国高职教育改革的一切先进的、有益的经验和成果,努力促进中华优秀传统文化与世界先进的科学技术和文化的有机结合。

4. 统一性原则

最终目标以过程目标为基础,而最终目标的实现,是以过程目标不断实现而动态完成的。课程是实现过程目标的基本单元,基本单元的有机组合构成了课程体系。过程目标与最终目标相统一的原则,即是指过程目标必须以最终目标为指导,把过程目标的总和转化为最终目标,培养出具有综合能力的人才。

5. 课程体系构建的其他原则

我国高职教育在发展的不同阶段和时期以及面对的问题和需要解决的重点,从不同的角度提出了课程体系构建的其他原则,现从中摘取几种在高职发展历程中有一定影响的原则介绍如下。

(1)选择性原则

国家通过设置供选择的分科或综合课程,提供各门课程课时的弹性比例和地方、学校自主开发或选用课程的空间,增强课程对地方、学校、学生的适应性,以鼓励各地发挥创造性,办出有特色的学校。

(2)全面性原则

把课程建设与专业目标、人才培养目标、学科专业建设和学校的发展紧密联系起来。课程体系建设既要注重不同层面课程群的建设,也要注重教材、大纲、教学计划及师资等多方面的建设,尽量做到全面。

(3)系统性原则

在构建课程体系的同时,构建教学过程和相关实施活动的体系;在建设主干课程的同时,不可忽视非主干课程建设;在注重必修课、显性课程建设的同时,还要加强选修课程和隐性课程的建设等,使课程建设具有系统性。

(4)层次性原则

在确保课程体系构建科学性、整体性和综合性的前提下,努力体现不同类型的课程纵向的层次性、相同类型的课程横向的层次性、课程教学内容体系内部的层次性等。

(三)构建课程体系的步骤

我国在课程建设与改革方面取得显著成绩的高职院校,在课程体系构建的方法上有着普遍的相似。这些高职院校的课程开发大致分为三步:第一步进行职业分析;第二步进行目标任务分解;第三步构造设置课程。

1. 职业分析

职业分析是以社会需求调查为基础,通常由长期在生产一线工作的专家和技术骨干组建起来的专业建设委员会来进行的。随着社会经济的发展,产业结构的调整造成了职业结构和劳动岗位内容的变化,把握区域经济的发展动态,从实际的需求出发,广泛征集第一手信息资料,是高职课程开发的基础。社会需求调查与分析的过程,实际上也是课程目的、课程目标、课程内容项目、课程结构和课程活动方式的选择和确定的过程,是制定课程标准的出发点。因此,高职课程开发前的社会需求调查的范围与深度,制约着后续有关课程体系构建工作的质量和效果。专业建设委员会的主要任务是确定高职专业毕业生面对的职业岗位(岗位群)的业务规格;按岗位任职的先后次序、岗位能力的主次、胜任岗位任职的要求进行确切的定位;提出综合能力与专项能力以及职业道德、敬业精神等方面的职业素质的专业培养目标,为下一步进行目标任务分解奠定良好的基础。

2. 目标任务分解

目标任务分解首先是在职业分析的基础上,按综合能力和专项能力要求逐项转变为教学要求,即形成相应的知识、能力、素质的分类结构。其次,通过对形成相应知识、能力、素质结构的教学分析,实现中社会需求向教育功能的转换。最后,对这些理论教学和技术技能训练目标进行分解,产生理论知识和技术技能训练的各种模块,进而转变成相应的实践教学模块、理论教学模块及相关的教育活动模块。目标任务分解是建立课程教学目标、构建课程的基础。

目标任务分解通常是由专业建设委员会和具有丰富教学与实践经验的专业教师共同合作来完成的。这样,既发挥了用人单位对职业能力及其发展趋势较为熟悉的优势,又发挥了教师对教育教学领域内问题理性思考的专长。

3. 构造设置课程

构造设置课程是通过对各理论知识和技术技能训练模块按其性质、功能、内容以及相互间的内在联系的整合,构建课程门类,并按人才培养规格确定各模块教学内容的深度、广度、技术技能熟练程度,完成课程体系初步构建,再按实践教学、理论教学及相关的教育活动各个模块的结构、性质、功能、框架、内容及其先后顺序等内在联系,进行整体优化设计,完成相应的课程体系的建立的同时,完成课程文件的编制。课程文件标志着完成课程方案设计的阶段工作任务的最终成果的形成。课程文件至少应包括以下内容:课程整体框架及各部分之间关系的说明;每一科目的目标及其具体标准;课程实施条件及教学策略;课程实施结果的评价方案等。

这一步实际是将教学目标及人才培养规格以教学模块的形式具体化,是高职教育特色的具体体现。课程设置和课程体系构造工作,主要是依靠教学管理相关部门和任课教师来完成的,以便更好地发挥他们掌握教育规律的优势。但同时积极组织广大教师深入学习高职教育理论,特别是思想观念的转变,科学合理地设置课程至关重要。

二、高职教育课程体系的结构

（一）课程体系的基本结构

1. 课程体系结构

从掌握的资料来看，课程体系结构以专业纵深（即 I 型）居多，少数呈现纵条型（即 M 型）和专业分支型（即 Y 型）。大多数学者认为，对于高职教育工程类专业 Y 型结构应成为主体结构，对于高职教育经贸类专业"M 型主体＋I 型层次"结构较好。原因有以下几点：一是便于学校教育资源的优化组合和充分利用；二是便于教学实施，有利于将专业的培养过程进行相对时空的划分；三是在同一专业设置几个专门化方向，而这些专门化方向具有共同的基础，这就增加了毕业生的就业弹性，同时也在一定程度上满足了学生的个性发展；四是便于学分制、弹性学制的运用与实施。

2. 课程属性结构

从课程属性结构角度分析，人文型与科技型、理论型与实践型、传承型与创新型、必修型与选修型、显性型与隐性型、分科型与综合型、基础型与拓展型、本土化与国际化等多对范畴所组成的课程属性结构问题都是需要综合考虑的。总体上讲，课程属性结构要以追求和谐性、均衡性和适切性为旨，即做到各范畴内的课程属性结构能够搭配合理、相互支撑、体现特色。这种和谐性、均衡性和适切性的度的把握，取决于社会需求和学生的工作需求、生活需求、学习需求以及由此而产生的培养目标。

3. 课程类型结构

已有资料中课程类型结构的划分主要有三种：第一种是公共课程、专门课程；第二种是基础课程、基础技术课程、专业课程；第三种是基础理论课程、专业理论课程、专业技术课程。

第二种课程类型结构把整个课程体系按纵向和横向两个方向分解成若干门课程，造成了多方面的不足：一是学科门类繁多，诸多课程内容重复交叉；二是层面复杂，学生在接触了专业课后，才能不断认识到前面课程在专业培养目标中的地位和作用；三是由于课程的学科性，造成了教学中要考虑一定的系统性，一方面加重了学生的学习负担，另一方面课程很难体现针对性和应用性，教学内容更难体现实用性；四是教学过程中的各要素、教学内容之间相互封闭，不能发挥整体功能，使学生只能看到大树，不能看到森林。

第三种课程类型结构忽视了两方面的因素：一是由于支持专业技术的基础理论、专业理论分属各个学科领域，随着技术发展，专业技术中所运用的基础理论、专业理论知识横向复合、纵向交叉，构造课程时，三类课程的知识结构必须有选择地重新整合；二是从课程属性结构上看，培养学生的技术应用能力，既是理论教学内容的主线，也是实践教学的主线，这种划分很难揭示和体现实践教学的特色，实践教学体系内设置的课程属性难以表述。

综上所述，在课程类型结构上，应按第一种课程类型结构进行构建。主要出于以下两点考虑：一是公共课和专门课在实现能力培养上各有侧重，公共课涵盖毕业生作为社会人所需的基本文化知识，通过公共课的开设，逐步实现对学生诸如口语表达能力、人机对话能力、英语会话与阅读能力以及意志品德等关键能力的培养;专门课则基本涵盖学生适应未来岗位所需要的专业知识和专业技能,通过专门课的开设,培养学生胜任未来岗位所需的岗位能力。二是考虑到要提高课程的整体效益,各课程的开设要以技术应用能力的培养为主线,从整体着眼,全盘考虑。

4. 课程层次结构

课程内部结构有三个层次:一是体现在教学计划方案的专业定向结构。它反映了在一定学制年限内,学生所面对专业范围的变化和专业方向的选择。二是全部教学科目中不同性质和不同教学内容要素的各科目在纵向(时间纬度)和横向(空间纬度)的排列组合结构。三是指一门或若干门相关科目中具体课程内容,根据某种方式和准则的编排结构。

高职教育的层次决定了高职教育课程的层次结构。这必然与高职教育本身在整个教育领域的定位层次问题和高职教育内部各类、各种人员的教育层次及差异问题有密切联系。

从高职教育的定位层次看,高职教育是一类教育的高职层次。这就决定了高职课程的定位层次必须是高职教育的课程,通过课程的学习,学生在毕业时应具备高职教育的相关水平。因此,高职课程的层次不能过低,当然也不能过高,应是符合学生实际的高职教育的课程。

从高职内部受教育者的状况分析,高职课程应在高职教育课程的范畴内,有不同的层次和侧重。据分析,在当前和今后的很长一段时期,伴随着高等教育走向大众化的趋势,高职教育要以扩大公民接受高等教育机会为主题,要为每一位愿意接受高职教育的公民提供合适的课程。事实上,高职教育的学生来自多方面,且教育基础是多层次的。这种基础有异、来源广泛、目标多样、需求多元、层次不同的受教育者,决定了高职教育的课程必须解决好层次结构问题。在课程建设上,课程要具有多种层次,必须提供不同层次、不同侧重的课程。例如,提供继续深造的课程、职业技术培训课程,甚至弥补部分知识、技能、经历缺失的教育课程等。需要注意的是,每一层次的课程都应体现基础性,为学生的未来发展奠定基础,为终身学习、终身教育奠定基础。

(二)课程体系的结构形态

1. 影响课程体系结构形态的因素

课程体系的结构形态是指在一定教育思想指导下,课程体系构建所采取的计划方式和所确定的结构形式。影响课程体系结构形态的因素较多,其中以教育思想、专业设置以及办学模式的作用最为直接。

教育目标为单纯针对职业岗位时的课程体系的结构形态与着眼于职业生涯时的课程体系的结构形态是不相同的;建立在职业能力观基础上的课程体系的结构形态与素能构建观基础上的课程体系的结构形态也肯定不会一样。

专业设置的口径当前有三种:职业、职业群和技术。毫无疑问,专业口径的宽窄会极大地影响课程体系的结构形态;专业的技术内涵也会影响课程体系的结构形态。

办学模式是影响课程体系的结构形态的外在因素。当前高职教育的办学模式主要有三种:学校本位型、企业本位型和产教合作型。这三种办学模式由于办学主体、教学资源、实施教学的主要场所和进行方式的不同,在课程体系的结构形态上也会产生差异。其他如教育技术应用的深度与广度等也会对课程体系的结构形态产生影响。由此可见,现有职业教育课程体系的结构形态也是多样化的。

2. 常见职业教育课程体系的结构形态

当今世界职教课程体系的结构形态分为六大类,即单位职类型、职业群集型、阶梯训练型、统合型、职业发展型及概念统整型。

单位职类型课程体系是指针对某一特定职业需要而编制的职业课程,它是应用职业能力及DACUM(Developing A Curriculum,教学计划开发)方法来进行课程开发的。

职业群集型课程体系,系将工作性质相近的若干职业集合为一个职业群,分析该职业群的共同基础理论和基本技能以及各职业的入门技术,加以系统组合而成。课程内容分为三个层次:群集共同知识、群集共同技术与技能、群集中各职业所需的具体入门知识和技能。

阶梯训练型课程体系是一种采取分段教学逐渐向专业化方向发展的课程体系的结构形态,通常将课程分为基础教育、专业基础教育及专业教育三个阶段。这种课程体系的结构形态适合于建立在职业群集或技术基础上的专业。

统合型课程体系是以两种主要的结构形态加以统合后的课程体系的结构形态。群集型与阶梯型的统合是最常见的一种。它既立足于职业群集又实施分阶段教学。这种模式在高职教育中应用较多。它的教学计划建立在职业群集基础上,进行基础教育、专业基础教育与专业教育三个阶段的教学。有的教学计划在专业教育阶段分出若干个专门化方向,以加强针对性。

职业发展型课程体系以职业发展的四个主要阶段为依据编制相应的课程。这四个阶段是:职业意识、职业探询、职业取向和职业准备。这一模式适合个人事业的发展历程,有助于个人的成长与发展,重视终身学习,强调知识与技能结构的合理性。职业发展型课程体系主要应用于知识、技能更新快,但专业的基础又相对稳定的专业,如信息技术类专业。

概念统整型课程体系强调以完整的概念学习取代零碎知识的传授,以科技发展过程、科技领域和科技要素为基础来构建课程的结构。其特点是:重视基本概念与综合知识的教学,强调学生掌握核心知识和技能,尤其重视学科发展的研究方法和技术。概念统整型课程体系的结构形态应用较少。

3. 两种典型的课程体系的结构形态

(1)"递级平台+方向模块"的课程体系的结构形态

这种课程体系的结构形态是将数种专业集成为一个专业群,或将数种职业集成为一个职业群,或将某一职业下的数种岗位集成为一个大类专业,以下统称为专业群集。以该专业群集所具有的基础性、共同性知识与技能为基础,组合设计课程,可使学生获得几个专业知识与技术,以便根据劳务市场的变化来变换自己的职业和工种,增强学生的择业自由度和就业灵活性与适应性。选择相应的职业或继续学习大平台部分是群集的共性部分,它包括不同专业或专业方向所需的共同知识、共同技能,是在对不同专业或专业方向所需的基础课、技术基础课和专业课的教学内容进行重新界定、整合、取舍和拓宽的基础上形成的具有共性意义的课程部分。它要求以职业分析为出发点,对原有专业领域的内容进行统整,取消原有不同专业课程之间的界限,并以培养学生的全新的思维与视界、全面的知识与技能和综合的分析与解决问题的能力及方法为宗旨,在保证知识的系统性、完整性、前瞻性和能力的基础性、延展性的基础上,使学生有较强的工作创造性和社会适应性以及较强的自我完善和再就业能力。方向模块部分是某一专业或某一专业方向特定的知识和技能,是社会需求、学生特长、学校和专业特色、优势的集中体现,它要求增强就业针对性和灵活性,并为学生毕业后上岗做好实际准备。

所有课程呈阶梯式逐渐上升,无论哪一阶梯都始终围绕着职业实践活动从泛到精、由浅到深而开展。为了确保课程的科学性和相对稳定性,设计程序首先是研究职业门类,将一个或若干个社会职业归结为一个职业群,找出具有共性的不同职业,组合成相应的专业群,在此基础上分析它们所需的共同知识与技术以及各自的具体知识与技术。据此设计课程,编写教材,制订教学计划。这样既可以清楚地分辨出支撑该职业的知识与技能,确定相邻社会职业的技能知识联结点,为社会职业归类及职业群的确定奠定基础,同时又为课程体系构建提供依据。随着科学进步和产业结构的不断变化,社会职业呈现综合趋势,许多传统的职业逐渐消失,新兴的职业、交叉的职业不断出现,客观上要求职业教育的课程体系构建必须与经济的发展动态相适应。

平台是保证人才的基本规格和层次要求,由学科的共同知识的课程组成;模块主要实现不同专业方向人才分流培养,由体现专业方向特色的课程组成。分必修课与选修课两类课程,其中必修课包括公共基础平台课程、学科基础平台课程和专业基础平台课程;选修课包括专业方向模块课程和任意选修课。

①公共基础平台课程:主要包括思想道德素质、身体与心理素质、基础知识与能力类课程。该平台作为通识教育基础,对全体专业群集学生统一实施分层次教学,使学生掌握作为一名高素质大学生必须具备的基本知识与技能,为其下阶段进行专业学习打下基础。②学科基础平台课程:主要包括学科基础课、学科主干课、跨学科课程等。这一平台主要是拓宽学生的专业基础范围,增强学生适应性。③专业基础平台课程:主要为专业基础课(含专业英语)及必要的实践环节等。以上三类课程通常作为学生必须修读的课程。④专业方向模块课程:模块主要体现人才的分流培养,课程包括必要的专业基础课、专业课、专业实习、毕

业实习、毕业设计等。每个专业一般设置至少三个专业方向模块,学生根据社会需求和个性发展的需要,至少选择一个专业方向模块,并按要求学完该专业方向模块全部课程,达到合格。⑤任意选修课:包括公共选修课、跨专业选修课、专业选修课、素质教育系列课等,体现不同学科的交叉与渗透,同时进一步扩大学生的知识面。⑥实践教学环节:主要包括实验、实习、社会实践、公益劳动、课程设计、毕业设计、科技研究活动、第二课堂等。

(2)"模块化+多元整合"的课程体系的结构形态

这种课程体系的结构形态是将课程架构模块化。"模块化"是指为适应专业设置,根据知识、能力、素质结构所设计的课程架构下的单元,以及以职业资格为导向设置多样化的项目单元等;"多元"是各种课程取适用于该专业"之长"的体系结构、属性结构、类型结构、层次结构部分形态;"整合"是在已相对成熟的课程体系的结构形态基础上或融合或组合或叠加,有机地组合成一种灵活实用的、新型的高职课程体系的结构形态。

"模块化+多元整合"的结构模式能很好地适应专业整合与分流的要求。所谓专业整合与分流,是指对现有专业进行整合重组,设置若干专业群,每一专业群内设立若干子专业。招生时按大专业招生,先进行1~2年的公共课教学,然后按市场要求及人才需求信息进行专业细分,确定本专业的发展方向,进行专门课教学。其动因是:由于在专业的设置上,计划经济时期一直主张专业应分得细些,对于学生走向工作岗位、尽快进入工作角色有很大的帮助,也可使学生在专业上有一种归属感;在市场经济条件下,行业结构变化周期越来越短,人才市场预测的难度越来越大;市场和技术的激烈竞争导致对技术和岗位的细化,企业对从业人员的要求越来越专业,由此导致高职的专业设置越来越粗,而专业方向重新出现越分越细的趋势,但在课程体系上是无法回避专业课的设置问题的。现行的课程设置不得不考虑如何具有更宽的专业面向以及相应的知识和技能面;又不得不考虑特定专业或岗位如何面向以及相应的知识和技能细分。

任何课程体系的结构形态都不是一成不变的,只是在一定时期或阶段内反映了社会经济发展的需要、高职教育发展水平、高职教育理论研究与具体实践的现状等部分因素。由于高职教育课程的制约因素众多,课程系统内部的各种动因推动着课程发展和课程观的变更;而课程系统外部的各种因素的刺激或作用,有时会成为促使课程系统发生变化的重要动因。因此,不仅高职教育课程多样,而且随着每一制约因素的变化其模式的变化也必定是很大的,因而与其他类型的教育课程相比,高职教育课程体系的结构形态需具备极大的应变性。

应变性首先是对有效需求的变化的适应。高职教育课程体系的结构形态只有适应诸多有效需求,才能有效益可言。例如,高职教育要适应发展高技术产业的策略,课程体系的结构形态就要逐步改变低重心模式,要部分高移,发展高职教育的更高层次;同时课程要作为增强文化科技基础、专业理论基础的成分,即课程部分智能化的变化要适应发展高层次高职的需要。不仅课程体系的结构形态中内容的成分要变,而且相应的观念、结构等都需作调整和改变。另外,应变性还要求各种高职教育课程有极大的弹性和灵活性,以提高其适应性。课程模块化的趋势正是这种应变性特点的反映。

"多元整合"也包括课程体系的横向和纵向两个方面,如:课程观的多元整合——多元互补、博采众长,建立以综合技术能力为导向的现代高职课程观;课程内容的多元整合——"知识""技能""态度"三要素中各个成分的多重、多种综合,选择有价值的现代高职课程内容;课程结构的多元整合——综合化、柔性化、阶段化、个性化相结合的课程结构;等等。

课程结构的综合化具体体现在:课程的社会需求分析既不限于某一职业岗位,也不限于职业群,而是根据教育对象灵活进行,有时是针对岗位规范,有时是针对岗位,有时是针对职业群,有时是针对职业,有时是整个行业。在确保课程目标具有明确的职业化方向的前提下,吸取各种课程体系的结构形态之长,实现课程结构的综合化和实施课程内容的综合化。

课程结构的柔性化具体体现在:一是课程在体系、属性、类型、层次上的柔性。由于课程架构的模块化,课程虽然服从于"主体模式",但它的外在表现形式实际上是一个或若干个基本模块的组合,面向专业的知识、技能与活动等组成的教学单元,或是课程体系中的一个特定的功能模块,在课程体系中往往没有属性、类型、层次上的刚性指向。二是基本模块是涵盖了一个职业群中的几个甚至更多的职业所对应的"大模块"下的部分,或者说课程只是相对于课程体系的一个较小的模块化的架构。由"基本模块"组合成课程的设置环节,可只进行"课程组合策略设计"和"教学策略设计",使课程设置具有多样性和灵活性,以便学校根据市场需求的变化灵活组合,供学生根据个性特点和未来需求自由选择。

课程结构的阶段化具体体现在:由于课程采取模块化的组合形式,使得教学过程按阶段化安排进程和实现学习者方向的个性化;与之相配套,在教学策略方面,实施能充分实现产学研结合的、以学生为主体的"项目制""教学做一体化"的教学,以及实施使课程结构柔性化成为可能的以完全学分制为基础的弹性学习制度。

"模块化+多元整合"课程体系的结构形态的实施有一定难度,须具备一些必要条件,如教学制度改学年制为学分制,教学计划的个性化与个性化课程相统一;配套的教学模式和教学方法的改革;教学手段的改善;高质量的教师队伍配备等。

三、高职教育课程内容体系

课程内容体系是由知识、能力与素质三个基本要素组成的,或者说是由知识、能力与素质结构转化为可实施的教学内容体系。课程内容三要素的各自内涵与比例不同,形成了不同教育类型课程的不同特点,而课程内容各要素的不同广度与深度形成了同一教育类型的不同层次级别。

(一)课程的内容与结构设计

课程内容是对知识、能力培养的规定性或定向性的选择,而对素质的培养只是教育者的一种意向性与规划性的选择。课程体系也可以看成是理论知识、技术和技能训练的各种模块以及与各种模块相关的结构、性质、功能、框架的集合。而高职课程内容的结构设计不仅反映了人才培养目标与业务规格的要求是设置课程的基础,而且还决定着教育教学模式和教育教学活动的方式。

1. 知识、技术与技能的选择

(1)知识的选择

根据知识的内化程度和功能,可以把知识划分为两类:陈述性知识和程序性知识。陈述性知识来源于外部世界,是客观事物及其联系在人脑中的反映,这类知识的学习主要依靠理解和记忆。陈述性知识主要用来描述"是什么"或解释"为什么"的问题。这类知识即人们所说的理论知识。程序性知识主要来源于主体的活动,是多次实践的结果。程序性知识则主要用来回答"怎么办"或"如何做"的问题,即经验知识,属于改造世界、改造事物和人的行为的知识,它的对象是实践活动。这种关于改造事物、有效地进行实践活动的知识也就是广义上的技术知识。程序性知识根据其表现形态可分为两类:一类是技术形态的程序性知识,又称为"技术的知识"。这种知识表现为一套明确阐述的技术规则,它是可以言传的,是那种能在书本中发现或找到的知识,是可以通过测验加以检测的知识。另一类是实践形态的程序性知识,又称为"实践的知识"。这种知识不可能作为一套明确的规则阐述出来,是不可言传的,仅能以实际操作的方式加以表演或演示,表现为对前两类知识的创造、学习和运用程度。可言明的技术知识一般是成熟的、规范化的知识;实践的知识则是在获得一定的客观技术知识的基础上,对个人经验、本土文化及人文知识等融合而生成的一种个人性质的知识。

知识观的不同,突出反映在高职课程的内容上:把程序性知识放在优先位置,则偏重实践和应用的内容;把陈述性知识放在优先地位,则偏重理论和基础的内容。

(2)技术的选择

早期的技术大都来自生产或工作的实践经验,是在长期的实践中逐渐养成的,因而这种技术可称为经验技术。工业革命后,由于产品的复杂性和精确度的提高以及产量的增加,使得生产现场必须应用科学原理来进行产品制造及生产管理,出现了技术的科学化,从而形成了理论技术。理论技术是自觉地应用科学原理,并以科学原理为基础的技术。

理论技术的出现是技术内涵的质变,是技术水平的提升。但是,理论技术并不排斥经验因素,二者是相辅相成的。毫无疑问,这里所讲的理论技术是技术型人才必备的,是形成技术应用能力所必需的,而不是理论知识。技术知识可分为明确表征的客观技术知识和默会的实践知识两类。而当前高职教育课程内容的认识论基础主要是客观主义,无论在观念上还是在实践中都明显地存在着将高职课程等同于客观技术知识的倾向。不可否认,客观技术知识在高职课程中占有十分重要的地位,但高职课程仅有客观技术知识是远远不够的,从高职的培养目标与学生自身的发展情况来看,具有个人性质的经验知识在某种意义上比客观技术知识显得更为重要,更能体现高职课程知识的特色。因此,超越单一的技术知识,从注重单一的技术知识到注重客观技术知识和实践知识结合,将实践知识真正纳入高职课程,应当成为当前高职课程建设中在课程知识的选择与组织问题上的一个主要奋斗目标。技术型人才的实践能力是建立在必备理论知识和技术基础上的。

(3)技能的选择

在具体的工作实践中,人们所需运用的技能是一个由各种技能所组成的连续综合体,但以哪类技能为主体,导致了工作活动的职责、任务和性质的区别。因而课程内容中技能这一要素常常主导着不同类别职业技术人才的养成。技能在课程中随着其种类的差别,还成为导致职业教育与技术教育的性质区别的主要因素。在高职教育课程改革的实践中,认识课程技能主导性特点有十分重要的现实意义。

从教学心理学角度,技能本质上是一套操作程序控制了人的行为,包括外显的身体活动和内在的思维活动,也是属于程序性知识概念范畴。按照国际一般的划分方法,将技能分为动作技能和智力技能。英国教学理论家罗米索斯基提出了一种新的划分方法,从另一个角度将技能分为再生性技能和创造性技能。再生性技能的特征是在技能活动中具有重复性质,在运用中没有较大的变化,体现的是一种固定程序式运行方式;而创造性技能的特征是在技能活动中,要制订计划并运用某种理论或策略做出决定,在执行任务时表现出相当的灵活性和变通性。随着技术水平的提高,再生性技能的价值下降,而创造性智力技能的价值在不断提高。同时,计算机等高技术设备的出现,使生产和应用领域的创造性智力技能的要求不断提高。

由于高职教育大都是针对高技术职业岗位的,在岗位技能内涵组成中,创造性智力技能占较大比重。因此,在课程中,要加强创造性智力技能的内容。例如,在实验课中应强调创造性实验技能训练;在毕业设计中,应尽量选用真刀真枪课题,以加强创造性智力技能训练的力度;在某些课程中,应削减再生性智力技能的训练时间,如高职数学中的求导、积分等运算,而应用更多时间训练学生从实际问题中建立数学模型的能力。强调技术型人才所应掌握的主要技能是创造性智力技能,这不仅是要在技能性质上把高职教育与中等职业教育、职业培训区别开来,避免在加强技能训练的正确要求下,产生技能培养错位现象,更深层次的原因,是要为技术应用型人才的创新能力打下基础。

2.课程内容结构设计模式

在目前的高职课程中,根据理论教学内容与实践教学内容之间的整合方式和整合程度,把高职课程内容结构设计大致划分为准备型、交替型、渗透型和双元型四种由低至高的整合模式。

高职课程内容和它的结构设计最能体现人才培养的应用性特色,理应受到重视。随着高职教育教学改革的进一步深入,形成一批理论上有突破、实践上有创新的,适合我国国情的高职课程内容和它的结构设计模式。如"产学研"相结合、"教学做"合一的技术应用能力培养模式,这种模式改变了理论教学和实践教学分离的局面,努力做到理论教学与实践教学相结合,专业技能与技术应用相结合、实践教学与科技开发相结合、形成与理论教学和实践教学相互融合的教学体系,在更高的层次上实现理论与实践教学的一体化。

高职课程内容的结构设计模式由一元化→二元化→多元化→一体化回归是当前我国高职课程内容结构设计模式改革与研究的方向。在此框架下,提倡理论、实践并重的原则,根据讲究实效、讲究需要与可行,淡化理论、实践教学的界限,通过缜密设计、精心组织,使各项实践教学活动落到实处。在课程形式上,由必修课、选修课和各种途径及各种形式的教学活动课程相结合。在课程内容与结构的整体上,充分注意到理论课程涵盖的知识先后顺序;实践教学课程(环节)应贯穿于专业教学的始终,并与理论教学体系紧密配合,相互交叉、互相渗透、互相弥补、互相促进;技能训练的课程在整体安排上从简单到复杂、从单一到综合、从操作技能向心智技能发展。

(二)高职教育课程内容的特征

相对于普通高等教育课程内容而言,高职教育各专业的培养目标和业务规格要求直接面向岗位或岗位群,努力使培养的学生达到直接上岗、顶岗的要求,这是高职毕业生的优势和竞争力所在。高职教育的职业性决定了它的课程内容区别于其他教育类型和层次的课程,是重要的标志性的特征和高职特色的体现。

1. 课程内容的定向性

高职教育是以就业为目的,在各类教育中与社会贴得最近,与经济建设结合得最紧的一类教育,它承担着将科学技术转化为现实生产力,开发人力资源和提高劳动者素质的重要任务。高职教育课程目标中明确的职业定向性,必然使其课程内容将教育对象导向就业所必需的知识、技能与态度的获得。也就是说,高职教育课程内容三要素的设计都必然主要考虑教育对象的就业需要。

由于高职教育是一种以各产业生产技术为主的教育,因而能否获得技术能力,成为其成功与否的重要标志。高职课程体系的构建应以技术能力的形成和综合素质的培养为主线,而现场解决技术问题的能力和必要的相关技能是高职教育课程内容三要素的重心所在。所以在高职教育课程内容中,不仅技能占有较大比例,而且知识和素质的选择与安排也常为技能的要求所左右。总之,技能在高职教育课程内容三要素中的特殊地位是区别于其他种类教育的显著特点之一。

"强化技能训练"的改革要求是不错的,但强化哪种技能的训练对不同类型的职业技术教育来说必须区别对待。对于技术员类人员的技能训练就不只是再生性操作技能训练,更不宜花大量时间去追求技工等级证书,而应在一定的再生性动作技能基础上,着重发展创造性动作技能和智力技能。如此,课程内容才不会偏离培养目标的要求。这就要求高职的课程重视实训、实习,还有实验的课程。

当然,高职教育课程的智力技能主导性特点并不是说技能就是高职教育的一切,或者只要有了技能就万事大吉了。在职技教育中极端地理解"技能本位"也是一种片面的认识。在高职教育课程内容中知识和素质同样也是不可缺少的要素。因此,技能和素质的养成是在掌握知识的同时进行的。因而在强调技能主导时,不能只要职业技能而忽视知识的获得,在处理知识问题时,也必须注意适用性特点,避免普通高等教育的传统影响。

高职课程内容的技术方向性的特性,是应社会劳动分工而客观存在的。尤其在进入知识经济时代,高技术的发展,技术性劳动的需求递增及其地位和作用更趋重要,从而形成了这类新型人才规模培养的需求和条件。高职的知识方面,应合理确定基础理论、专业理论与专业技术知识三者的比例,应侧重于专业技术知识,把握基础理论、专业理论技术方向性,如此才有自己的特色可言。在素质方面,应注重合作精神、创新意识、开拓精神,尤其是创业思想的培养。

2.课程内容的适用性

由于高职教育的专向性、直接性等基本特性的要求,高职教育课程内容必须适应当时、当地所属的特定行业、职业的要求,即要求知识、技能、素质培养等课程内容适宜而实用。高职的课程内容选择还要强调适用性的价值取向。

所谓"适宜"就是要符合实际需要;所谓"实用"就是要能在实际中应用。高职教育课程给予学生的技能与态度既不能过时,又不能超现实太远;知识既要坚持专业方向,又要具有一定发展潜力。

高职教育培养目标的规定性,高职教育课程内容中对于各种类型知识的选择与组合,必须呈现出适用性特点。从专业教育中文化基础课、专业技术课和专业课的格局来看是符合知识掌握的规律的,特别是专门化课程内容的选择上,要体现某一行业或职业的岗位要求,使培养出来的学生具备岗位所必需的基本知识和比较熟练的技术。但高职教育课程和知识选择必须适宜和实用,其准则是职业的专向性,要根据生产或服务的现实需要,重视倾向于现成、实用技术与规范的经验知识的获得,强调实践知识的体验;重理论知识中相关的结论的使用而轻其推导过程,更重视知识的综合运用。

与此同时,高职教育的课程内容还必须考虑到对职业的适应性。这是因为社会技术进步迅速,知识更新的周期越来越短;社会岗位的变化也越来越快,人们工作岗位变化更加频繁,流动性更强,必须有适应不同工作岗位的能力。高职人才处于生产管理的第一线,遇到的常常不是单项技术上的问题,而是综合性问题。这就要求课程设置和教学内容不能太专太细,课程内容能保持一种开放的、动态的结构,及时追踪相关领域技术发展的最新动态,及时了解社会职业岗位变化对学生能力和素质的要求,使培养的人才跟上时代发展的需要。必须考虑到学生走上工作岗位后,跟上时代发展、职业的变化和社会工作的需要,考虑到适当拓宽学生知识面,满足可持续发展,接受再教育的需要,所以不能针对某种过窄和过分具体的工作岗位。

3.课程内容的层次性

高职教育首先属于高职教育层次,一般是指在高中基础上进行的学历教育。但从本质上讲,高职教育不是淘汰教育、精英教育,而是成功教育、普及教育;高职教育必须达到高职教育培养目标和人才规格的基本要求。但也必须认识到,高职人才层次本身也存在一个比较宽广的区间,既有人才规格层次的区分,又有人才从事岗位的层次区分。高职的"高层次"课程内容,首先体现在生产一线需要用科学原理来进行产品制造与生产管理。其次体现在生产实践中高技术设备的产生和应用都需要创造性智力技能。这类人才在知识、技能以及素质方面能够满足某种复杂劳动职业的基本要求,并能在相应的职业中从事富有成效的劳动,针对某种复杂劳动,他们的心理素质合格而胜任,"下得去,用得上,留得住"是他们的最大特点。

高职教育办学目标应该是让所有进入学校学习的学生都能成为合格人才,而作为求学主体的学生,其实际情形千差万别,目前和今后一段时期高职教育生源素质普遍偏低,所以对学生的成才目标定位必须区分为多种类型。对高职教育课程目标和课程内容层次应合理定位,对人才培养规格应合理定格而不能过于理想化,不恰当地提高或降低高职教育课程质量标准都是错误的。因此,顺应高职教育大众化趋势,贯彻执行培养适应现代化建设所需要的"成才教育"的新思路,树立正确的高职人才观和质量观,根据自己的资源、优势、特色、传统和外部需求等科学定位,明确培养质量要求,使广大学生在"高职教育"这个平台上充分发挥其自身的积极性和创造力,将个体文化基础水平和知识结构的差异转化为在高职人才层次区间内专业技能、专业方向的侧重点的区别以及专业特长的不同,而其"技术应用型人才"的本质特性没有任何的改变。

4. 课程内容的适度性

在高职教育课程内容上,正确把握基础理论的"必需、够用"之度,既是课程改革的主要方向之一,又是改革过程中争议的焦点之一。

基础理论包括了公共课和专业基础理论。"必需、够用"强调了高职教育对基础理论的基本要求,即必须达到必需、够用才行。这一方面是高职教育的高等教育属性的要求,必须满足提高学生文化素质对培养学生一般能力的需要。公共课能帮助学生树立科学的世界观;培养他们的思想政治素质、业务素质和身心素质,能为学生进一步学习奠定基础,是培养和形成知识更新能力的重要课程。公共课在一定程度上具有为专业服务的功能。另一方面又是学生综合职业能力培养和岗位适应性的需要,关键能力是一种跨职业的,在职业生涯中起关键作用的综合能力,包括专业能力、方法能力、社会能力。专业基础理论是形成专业能力和学习相近专业的基础,劳动者的方法能力、社会能力主要通过基础理论来培养。只有具备必需、够用的基础理论才能增强学生岗位适应性。基础理论具有相对稳定性,又使"必需、够用"的度的掌握成为可能。

第三章

高职教育教学创新与发展

第一节　理念创新与发展的内涵、路径及基本要求分析

一、高职教育理念创新与发展的内涵解析

（一）对理念的理解

从认识论的角度看，理念属于认识的范畴，它来源于实践，并受实践的检验。实践提供了理念形成的素材，也规定了理念的价值取向。理念既不是头脑中自生的，也不是先验存在的，更不是什么绝对的意志，可以不受客观条件的限制。当然，理念也不是在实践中自发形成的，不是对客观世界机械反映的结果。理念的形成有其思想上的渊源。同时受到主体自身因素的制约，体现为主体的主观认识和愿望。总之，理念从本源上是实践的，但理念一经形成就可以作为一种间接的实践形式，为产生新的理念创造条件，人在这一过程中是能动的。在同样的情况下，个人最终具备什么样的理念主要还是取决于自身认识。

把理念归结到理性认识的范畴，并强调理念对实践的能动作用只是问题的第一步，这对真正了解理念是不够的，仍有必要进一步分析理念的特性。理念作为一种特殊的理性认识，具有以下三个方面的特点：

第一，理念关注事物的本来面目及其发展的终极目的。理念是从事物的内在属性和客观条件出发，综合其发展的终极目的和外在条件变化的倾向所得出的超前性认识。理念不等于实践经验的总结，理念总是以指导未来的实践为其使命，其对未来实践纲领的设定始终贯穿着逻辑与历史的统一原则，历史来自对理念载体发展历程的考察，逻辑则是基于理念载体的本质规定。

第二，理念有情感参与其中。没有情感参与的理性认识注重客观分析和事实描述，这种理性认识成果的表现形式是一系列陈述命题所构成的理论体系，其判断标准是真与假。理念渗透着主体的情感，是附着主体情感的理性认识，一方面使理念与错觉、虚无缥缈的幻想区分开来，另一方面则使理念与单纯的事实判断有所不同。当我们评价某一理念时，我们不仅要看它有没有根据，还要看它的目的与动机何在。当我们说某人具有什么理念时，这种理念肯定饱含着个人的积极情感。

第三，理念反映着某种追求。理念除了认知和情感两种要素之外，还需要意志的努力，把认识转化为主体的自觉追求，把情感调节到一种稳定而持久的状态。

综上所述，所谓理念，是以社会实践为基础，渗透着主体情感，反映着主体追求，从事物的内在属性和所处的客观条件出发，综合其发展的终极目的和外在条件变化的倾向所得出的一种特殊的理性认识。

（二）对教育理念的理解

界定了理念的概念之后，应该说，教育理念的理解和界定问题就已经基本解决了。但

是，为了准确地说明教育理念的内涵，有必要介绍一些有代表性的观点，找出大家共同关注的教育理念概念中的基本要素，以此来反思我们对理念的一般性解释，然后用这个一般性解释来约束和规范我们对教育理念的看法。这样做，一方面可以防止对理念的内涵设定过于主观武断，另一方面也能有效地避免理念研究和教育理念研究出现"两张皮"现象。

在教育理念的内涵探析上，还应把握以下四个方面：

第一，要弄清楚我们研究的理念是什么。理念是一个外来词汇。要准确地理解"理念"一词的含义，就有必要弄清楚它在英语中指的是什么。根据牛津词典的注解，翻译为汉语，可以相应地梳理为这样三类：一是指印象、设想；二是指观点、思想；三是指信念。显然，基于研究的目的，我们所谈的理念应该属于后面两种意思，并且这两种意思还不在同一个层面上。涉及"观点、思想"的理念指的是经过思考和推理后得出的结论；而作为信念的理念，更多的是包含于特定的价值判断，对某事物持有的一种预设的信仰。尽管在意思上有这样的差别，但是，涉及观点、思想的理念之中必定隐藏了理念主体特有的价值取向。因此，在进行教育理念研究的过程中，有必要厘清它们之间的区别与关系。

第二，要明确教育理念的载体是什么。虽然教育理念、办学理念、大学的理念以及大学的理想等这类概念经常在我们的头脑中纠结，但是，这些理念所面对的客体是不一样的。既然研究教育理念，就要从教育上寻求破题的着力点。教育有广义和狭义之分，狭义的教育，归根到底，是人才培养的活动。因此，就狭义的范畴而言，教育理念应该围绕人才培养来做文章。但从广义而言，教育的含义不但包括人才培养活动，而且包括与人才培养相关的各种活动及相关因素。因此，就广义的范畴而言，教育理念是关于人才培养及相关活动的思想观念。

第三，在理念的归纳上，要让"理念"像理念。理念体现在教育方针、教育制度、办学措施等方面，但不能简单地认为，这些东西就是教育理念。在以往关于教育理念的研究上，就有把教育举措、教育制度当作理念的现象。我们可以借鉴这些研究成果，但是不能让这些研究阻碍我们对理念的深入探讨。

第四，在教育理念的研究过程中要突出几个基本点：突出理念的"人本"性，这是研究的基点，不管教学、科研，还是服务社会，最终都要落脚到"人"上；突出理念的思想性，不管哪国哪校的教育理念，一定要是被人们广泛认同，并被采纳了的观念；突出理念的实践性、有效性，所研究的理念应该是被贯彻执行，且行之有效的，只有这样的理念才有借鉴意义；突出理念的原创性，尽管大学的教育理念有很多共性，但是在分析不同对象时，在个案研究中要清晰勾勒出它们是如何结合自身特性而形成独具特色的教育理念的；突出理念的生命力，理念更多的是一种信仰，在研究理念过程中需要结合具体国家、具体学校的文化传统与发展历程，揭示出教育理念是怎样成为一种信念的。

二、高职教育理念创新与发展的路径分析

（一）基于本质的教育理念创新路径

所谓基于本质的教育理念创新路径，就是从"什么是大学""什么是教育""什么是学术"等这样一些概念的阐释出发而提出的教育理念。虽然本质主义在学术界已经受到严厉的批评，但此路径仍然是教育研究界最常用的教育理念建构方式。

本质主义的教育理念创新路径虽然有一定的局限性，但仍不失为一种很有意义的路径。在很多情况下，人们对教育有什么样的诉求，以此来认识教育。既然如此，关于教育命题的合理性检验，就不能脱离命题为之服务的既定目标而孤立地进行。也正是这样一种需要，促成了本质主义与理想主义在教育问题上结成联盟，用教育的本质为教育的理想保驾护航，似乎已是许多教育学家研究问题的通例。而理想主义更是研究教育和兴办教育不可或缺的东西。

（二）基于价值的教育理念创新路径

教育的价值是教育理论研究的核心问题，是实践形态的教育得以安身立命的基础。虽然，教育理念不等于教育的价值，但从教育所需要关注、体现和追求的价值出发，或者从办好教育所需要处理好的价值关系出发，进而提出或建构教育理念，是一种常用的、较为有效的教育理念创新路径。

教育所需要关注、体现和追求的价值也就是一般意义上所说的教育价值，是教育作为一种客体契合教育主体需要的属性或程度。教育现象或教育活动作为一种客观存在，无论教育主体对教育客体是否有确切的需求与追求，教育客体对教育主体总会有这样或那样的教育价值。但是，教育究竟体现为何种价值，为哪种价值服务，主要是教育主体主观选择和努力的结果。客观地讲，教育既具有促进人发展和社会发展的价值，也对内在价值与外在价值、本体价值与工具价值有所贡献。然而，我们也看到，不同的时代、国家、学校或学者，所追求的教育价值在许多情况下大相径庭。即使是刻意追求教育的内在价值、本体价值，抑或是促进人的发展价值的教育主体，有的强调知识的积累，有的强调技能的增进；有的强调智慧的培养，有的强调美德的养成；有的强调全面发展，有的强调培养独特个性；有的强调提高普通文化素养，有的强调训练职业能力；有的强调掌握基础理论，有的强调获得操作技能。即使是刻意追求教育的外在价值、工具价值，抑或是促进社会发展价值的教育主体，有的注重政治效益，有的注重经济效益；有的注重功利效益，有的注重文化效益；有的着眼当前利益，有的着眼长远利益；有的谋求维护现存的社会秩序，有的谋求建立新的社会秩序。教育价值的选择过程就是教育理念的形成与建构过程。事实上，同教育价值的分化与选择一样，教育理念从大的方面也可以分为个人本位与社会本位的教育理念、政治论与认识论的教育理念，从具体的层面可以分为自由教育与职业教育理念、通识教育与专业教育理念、全面发展与个

性化教育理念等。对于我国建设高职教育强国而言,在我们提出或构建指导性的教育理念体系之时,不仅要关注通识教育理念、个性化教育理念等方面的研究成果,更要从教育价值的高度认真分析我国当前教育价值取向的偏差,认真研究教育价值的有关理论,从而更好、更有效地完成教育理念创新任务。

就办好教育所需要处理好的价值关系而言,现代高职教育系统离不开正义、能力、自由、忠诚这四种基本的价值。正义是指实现社会正义,让每个人、每个单位与部门都受到公正的待遇;能力是指提高高职教育系统的效率,提升高职教育系统的职能,培养更优秀的人才;自由是指高校的自治权、个体的选择权;忠诚是指与国家利益紧密相关的价值标准,包括对批评的限制和服务于民族大业的要求等。办好教育需要处理好各种价值的关系,而如何处理各种价值关系,既是一个教育价值取向问题,也代表着不同倾向的教育理念。国内外还有很多学者围绕学术自由与社会责任、教育公平与效率、人文教育与科学教育、应用领先与学术导向等价值关系,提出了非常多的改革与发展教育的看法、设想及建议,这都是我们创新教育理念以服务于高职教育强国建设的重要资源。

(三)基于经验的教育理念创新路径

所谓基于经验的教育理念创新路径,就是以国家、地区、学校、时代或教育类型等为分析单位,通过概括、提炼分析单位的办学经验和教训,或者基于分析单位明确提出的教育理念,围绕特定的研究目的而提出或重新建构教育理念的一种思路。事实上,这种思路在研究某个国家、某个地区、某个时代、某个学校或某个类型的学校的教育理念时较为常见。

之所以说基于经验的教育理念创新路径更具有实践性,是因为"经验"已经落实到行动中,是经过实践检验的。无论从发达国家、发达地区、发达大学办学实践中概括与提炼出来的教育理念,还是从欠发达国家、欠发达地区、欠发达大学的办学实践中证明是行之有效的教育理念,实践是这种类型的教育理念被关注和被提取的前提条件,也是这种类型的教育理念的基本特征。而在非专业人士看来,实践经验肯定比纯粹理论的来源更可靠,更具说服力,更具参考价值。把这些在别的国家、别的地区、别的学校已经在办学实践中发挥过重要作用的教育理念梳理出来,并提交出去,肯定比从"本质""价值"推演出来的教育理念更易于让决策者接受,更易于让大众理解,更易于让学校领导践行。

之所以说基于经验的教育理念创新路径更具有针对性,是因为我们可以有针对性地选取分析单位。无论从概括、提炼教育理念的过程来说,还是从指导高职教育强国建设的实践来看,基于他国、他校经验的教育理念创新路径,具有较好的针对性。

之所以说基于经验的教育理念创新路径更具有操作性,是因为我国建设高职教育强国的过程主要以赶超高职教育发达国家为主。尽管建设高职教育强国与我国坚持走中国特色社会主义道路密切相关,但是,我国建设高职教育强国也不是自娱自乐的事情,必须在许多可比的方面接近或达到世界领先国家的标准。由此说来,高职教育发达国家的教育理念就有充分的理由需要我们给予高度的重视。

当然,基于经验的教育理念创新路径也是有一定局限性的。因为经验与特定的背景、条件密不可分,剥离了特定背景与条件的经验很有可能出现水土不服的现象。中国需要尊重自己的高职教育文化,需要适应自己的高职教育环境,需要有自己的高职教育特色。为此,在采用基于经验的教育理念创新路径时,有三个方面的问题要注意。

第一,既要做好从发达国家、发达地区、发达学校办学经验与发展历程中提取教育理念的研究工作,也要认真分析支撑这些教育理念或者是这些教育理念能够发挥作用的特定背景与条件,结合我国建设高职教育强国的背景与条件,进行教育理念的再创新。

第二,经验可以分为特殊经验与共性经验。在分析各个发达国家与一流高职院校教育理念的基础上,要尽可能总结和提炼出具有共性的教育理念。相对来说,具有共性的教育理念更具有普适性,更贴近做强高职教育的一般性要求。

第三,基于经验不等于唯经验论。从发达国家、发达地区、发达学校提取教育理念的过程中,必须包含着我们对"教育"和"大学"的理解,渗透着我们的教育价值追求。在对发达国家、发达地区、发达学校的教育理念进行二次加工的过程中,要能够坚持以我为主,尊重经验,而不复制经验。

(四)基于未来的教育理念创新路径

所谓基于未来的教育理念创新路径,即从预测未来的发展变化出发,基于教育要适应和引领未来发展变化的要求而提出相应的教育理念。未来尽管是不确定的,但未来的一些发展趋势还是可以在一定程度上进行预测的,这就为我们从基于未来的角度创新教育理念提供了可能性。

事实上,基于未来的教育理念创新路径已被众多的学者和机构采用过。我们经常看到,有学者基于教育国际化的发展趋势来探讨高职教育理念,有学者基于教育信息化、网络化的发展趋势来探讨高职教育理念,有学者基于教育终身化来探讨高职教育理念,并由此提出了许多非常有见地的高职教育理念。面向学习型社会建构高职教育改革与发展的先导性理念是一种合理而必需的选择,以人为本是学习型社会高职教育理念的核心,学习型社会的高职教育应致力于促进人性的自我完善,应促进学习者终身学习需要的满足,应促进教育民主的实现。

这个路径对本研究来说尤为重要。首先,建设高职教育强国是面向未来的事业。要完成这个事业,至少需要30~40年的时间。严格说来,建设高职教育强国是永无止境的事业,需要我们长期不懈地为之谋划与奋斗。其次,我们要清楚,提出建设高职教育强国的口号是为我国走新型工业化道路、建设人力资源强国与创新型国家服务的。只有把我国走新型工业化道路、建设人力资源强国和创新型国家的目标定位、时间部署、相关举措及其对高职教育的具体要求了然于胸后,我们才可以有针对性地提出建设高职教育强国所需要的教育理念。

三、高职教育理念创新与发展的基本要求

（一）教育理念创新需要站在国家的立场

教育理念总是与"理想"以及某些肯定性的价值判断联系在一起的,被认为是有助于引导教育或学校向好的方面发展的某种认识、主张或信条等。然而,由于教育理念的研究立场不同,其研究视野与立论倾向就会表现出较大的差异。基于我国建设高职教育强国的研究语境,我们首先要明白的便是教育理念创新必须站在国家的立场,这个立场有着多重内涵。

第一,我们所提出的教育理念是要用来指导我国建设高职教育强国这一具体教育实践的,对实践的关照远比盲目地追求学术上的标新立异更有价值。为此,我们对教育理念的挖掘与提炼必须以事实为依据,而不能沉溺于教育理念的学术著作之中,更不能随心所欲地杜撰出一些教育理念来。

第二,我们在研究教育理念之时,要以整个国家为边界,各种层次、类型与形式的高职教育均应进入我们的研究视野。但我们也意识到,对于建设高职教育强国来说,是否具有一个层次、类型与形式多样化的高职教育体系,以及全面提高各个层次、类型与形式的高职教育的办学质量同样重要。为此,全国性与地方性的高职学校、公立与私立的高职学校、学历与非学历的高职教育、全日制与非全日制的高职教育、传统与现代远程的高职教育以及落后地区与发达地区的高职教育等,都应该成为我们研究的对象。

第三,要能够平衡各种立场。实事求是地看,较为盛行的某些教育理念在某种意义上多反映的是人的某种愿望和需求。人本主义与学术主义立场的教育理念等得到了反复论述,而国家主义立场的教育理念则少被关注。建设高职教育强国的研究语境要求我们不能回避研究国家立场问题,切实避免各种浪漫化的研究倾向。当然,国家的立场是大立场,我们应设法找到协调各种立场的途径与方法,使我们提出的理念能够符合各种立场的利益。

第四,要能够兼顾教育的各个方面。简单地说,教育是培养人的活动,教育理念就应该是关于培养什么样的人以及如何培养人的某种认识、主张或信仰。但是,联系到我国建设高职教育强国的这一研究语境,仅仅局限于培养人这一方面是远远不够的,高职院校的科学研究与社会服务、高职院校的内部治理与外部关系等,凡是涉及高职教育持续健康发展方面的内容均可以研究,也需要研究。

（二）教育理念创新需要坚持科学发展观的指导

可以肯定的是,我国建设高职教育强国需要科学发展观的指导,而我们探索并提出相应的教育理念,其目的也是为我国建设高职教育强国提供观念指导。很显然,在我们进行教育理念创新时,不可能回避与科学发展观的关系问题。

科学发展观与教育理念虽然同属于观念层面的问题,但一种被实践证明是行之有效的

观念可以成为创新另一种观念的重要指南。具体来说，"发展第一""以人为本""统筹兼顾""全面协调可持续"等均是我国进一步改革与发展高职教育应坚持的基本理念。

（三）教育理念创新需要从我国的实际情况出发

我国建设高职教育强国既需要学习和借鉴国外高职教育的发展经验，也需要通过设定一系列目标而有计划地向高职教育强国迈进，更为重要的是，应从自身的发展经验与教训中学习，将建设高职教育强国的过程看作是一个不断克服我国高职教育中存在各种问题的过程。对于教育理念创新而言，就是要认真地研究我国高职教育的发展历史，客观地分析我国高职教育的现实状况。需要指出的是，从实际出发并不排斥从理论或从关于未来的预测出发，进而提出我们认为是合理而必需的教育理念。问题的关键在于，我们必须明白，对于教育实践而言，教育理念是第二性的，教育理念来源于教育实践并需要经受教育实践的检验。教育理念创新可以参照现有的研究成果，因为现有的研究成果凝聚着他人的教育实践经验和主观创造，是进一步深化教育理念研究和进行教育理念创新的重要基础。在此前提下，教育理念创新可以发挥研究者的主观能动性，因为人是万物中最活跃的因素，既是社会实践的产物，也是社会实践的创造者。教育理念创新的过程可以是发现和提炼教育实践经验的过程，可以是在现有研究成果的基础上进行再创新的过程，也可以是研究者主动地进行自我建构的过程。研究者根据自身的经验和专业知识，尝试提出一些新的教育理念，然后加以理论论证和实践检视，这无疑是加快教育理念创新进程的一种重要途径。特别是面对建设高职教育强国这类新任务时，研究者尤其需要在教育理念创新的问题上发挥自己的主观创造性。

第二节　教学理念与教学模式的改革创新

一、高职教育教学理念的改革创新

高职教育坚持以社会需求为目标，以就业为导向，以能力培养为中心，实施产学结合、校企结合的办学新思路，在教学工作中突破传统的教学观念，建立新的教学理念，对指导教学改革的进一步实施具有一定的现实意义，也是教学改革不断深化的前提。

（一）确立以人为本的教学理念是时代发展的需要

20世纪20年代以来，国际教育思想发展的历程大体经历了"知识本位""能力本位""人本位"三个阶段，以人为本已成为国际流行的教育理念。所谓以人为本就是以人为根本，以人为核心，以人为基础，以人的全面发展为最终目的；着眼于人的个性发展，注重人的内在价值，强调人的主体存在。在高职教育中，坚持以人为本就是在教学中从学生的实际出发，以个性为基础，尊重学生的个性特征，以学生为主体，从学生的个性心理特征出发，由学生主动参与、自主学习，教师适当指导、适时点拨、适时引导，追求课堂的"乐学"情境，引导学生积极主动、生动活泼地学习。

如何才能确立以人为本的理念？首先，要确立学生的主体地位。教师要充分发挥学生的主体作用，努力构建生动活泼的学习氛围，让学生能动地参与教学活动，引导学生积极思维，主动探索。其次，要建立和谐的师生关系。教师要尊重学生的人格，以民主、平等的作风，与他们平等相处。第三，要确立以人为本的教学理念，善于运用以人为本的教学方法，创造有利于学生学习的氛围。

(二)树立互动式教学理念是教学相长的根本

所谓互动式教学理念，是指改变课堂教学中教师的主体地位，创造师生平等、合作、和谐的课堂氛围。使师生在知识、情感、思想、精神等方面的相互交融中实现教学相长的一种新的教学理念。

如何才能树立互动式教学理念呢？第一，要使学习的主体——学生"动"起来，要使学生动脑、动口、动手；第二，要充分发挥教师的主导作用，教师要对学生起点拨、引导和帮助的作用；第三，要实施开放性教学；第四，要创造民主的氛围。在互动式教学理念的指引下，当前高职教育教学中出现了可喜的互动式的教学模式，对提高高职教育的人才质量起了很大作用。

(三)确立开放性教学的教学理念是培养创新人才的保证

所谓教学过程的开放性，即在教学过程中创造一个开放性的教学空间。要达到这个目标，需要从以下五个方面入手：一是要求在课堂教学中学生的心态是开放的、自由的、不受压抑的；二是在教学的内容方面既不拘泥于教材，也不局限于教师的知识视野；三是教师要重视对学生进行开放性的思维训练，不能轻率地否定学生的探索实践；四是教学结果不能满足和局限于课本、权威、教师或所谓的标准答案；五是要打开学校大门，实施院校之间的教师互聘、课程互听、学分互认、资料共享、优势互补、合作双赢。

(四)确立信息化教学理念是推动教学手段现代化的关键

所谓教育信息化，就是运用现代信息技术手段，促进教学管理，改进教学方法，提高教学质量，探索与发展全新的教育模式。

加快教育信息化进程，大力推进信息技术与学科课程的整合，是改变传统高职教育模式、教学方法和教学手段的重要途径之一。教育信息化使教育教学从观念、思想、理论，到手段、方式、模式等都发生了根本性改变。多媒体、立体化的教学手段使教学更生动、更形象，便于教师指导，有利于学生自主探索和研究，对培养学生的创新精神和发展学生的实践能力大有益处。从事高职教育的教师更要注重为学生创设更多的自学空间，让学生掌握更多的获取知识的能力和手段，使信息技术成为促进学生自主学习的认识工具、情感激励工具，以及丰富教学环境的创设工具。这就要求教师必须掌握信息化教学技术，并能熟练操作计算机，将教学软件、网络等信息技术运用于教学实践中，指导学生利用信息获得知识。

（五）确立自主学习的教学理念是以学生为中心的基础

所谓自主学习，就是一种由学生自主而不是受他人支配的学习方式。在学习中学生具有分析、反思、做出决定和独立行动的能力。自主学习是以学生为主体、教师为主导进行教学的活动，是学习者管理自己学习的能力。这些能力包含学生自己设计学习活动、监控学习进程和评估学习效果等。为此，教师课堂教学的关键是培养和发展学生的学习自主性，教师需要向学生提供有益于学习的选择和决定的机会，帮助他们提高在知情中做出选择和决定的能力。

综上所述，高职教育只有打破传统教学理念的束缚，树立以人为本、师生互动、课堂开放、自主学习及教学资源信息化等新的教学理念，才能建立起新的师生互动式、课堂开放式、自主学习式的教学模式。

二、高职教育教学模式的改革创新

在高职教育大发展的今天，为了进一步提高教育质量，培养出适应生产、建设、管理等第一线需要的创新型实用人才，不仅需要人才培养理念的更新，还需要在教学模式上进一步创新。

当前，随着课程模式改革的深入，人们在教学模式的改革中，开始改变传统的以教师为中心的传授型、继承型的教学模式，逐步树立素质教育、创新教育的教育思想，以及以"学生为主体、教师为主导"的新的教学理念，各种基于素质、创新、实践、应用的新的教学模式不断涌现，形成了高职教育人才培养模式的新亮点。

（一）多维互动的教学模式是高职教育的新模式

多维互动的教学模式是指教师与学生、学生与学生，在教学过程中创造出的平等、合作、和谐的氛围下进行互相沟通与互相交融，实现教学相长的一种教学模式。具体表现为以下三种教学模式。

1. 互动式教学模式

互动式教学模式是指改变课堂教学中教师绝对权威的主体地位，创造出师生平等、合作、和谐的课堂氛围，使师生在知识、情感、思想、精神等方面的相互交融中实现教学相长的一种新的教学模式。其本质特征是师生平等和相互尊重。该模式促进了师生之间从单向交流向双向交流转变，从不对等交流向平等交流转变，从静态交流向动态交流转变；它使学生由被动接受向主动接受转变，由继承向创新、创造转变，由单一知识教育向综合的素质教育转变，进而形成信息互动、情感互动、思想互动、心灵互动的新局面。

2. 自主式教学模式

自主式教学模式是指充分发挥学生在学习中的主体地位，广泛调动学生理论学习的积极性和主动性，提倡学生确定学习目标、制订学习进度、参与教学评价，养成自主学习、主动发展的意识，以达到"自我投入、自我思考、自我操作、自我提高"的良好学习境界。在这种模式的指导下，通过教师对学生的有效指导和学生间的有效交流，帮助学生自主创新学习，培养学生的创新意识、创新精神和创新能力。

传统的教学结构按照复习—导入—新课—巩固练习—小结—作业的步骤进行，而自主式课堂教学结构则按照自学—说学—评学—导学等步骤进行。这种模式的本质特征体现在以下几个方面：一是由原来单纯的知识传授向多元能力训练转化；二是由原来求同灭异的应试教学向轻松活泼的理论学习活动转化；三是由"以教师为中心"的主讲制向"以学生为主体"的主导制转化。

3. 讲训并重的教学模式

讲训并重的教学模式是指在教学过程中，既注重理论讲授，又加强实践性教学的一种教学模式。对于高职教育来说，在"以能力为本位"的理念指引下，为了确保培养出适应生产、建设、服务、管理一线需要的应用型人才，基础理论教学中以"必需"和"够用"为度。同时，要通过生产实践，培养学生的工程实践能力、动手操作能力、现场指挥能力、创新能力、解决实际问题能力等，要求实践性教学环节要占教学总学时的40%～50%。

（二）多维互助的"产学结合、校企交替"精境化模式的实现，开辟了理论与实践一体化的新途径

多维互助的"产学结合、校企交替"情境化模式是指学校在组织教学的过程中，学校与企业之间为培养人才而采取的互帮互助、"情"与"境"融合的一种双赢的教学模式。具体表现为以下几种教学模式。

1. 工学交替制教学模式

所谓工学交替，是指把整个学习过程分离为学习和企业工作交替进行的过程。它促进了理论教学与实践教学的结合，使学生掌握的知识更为牢固。

2. 产、学、研一体化教学模式

所谓"产、学、研一体化"，就是指以生产、教学、科研相结合的方式来共同组织教学，培养人才。其中，"产"主要指生产实践；"学"主要指学生参与生产和科研实践的教学过程；"研"是指科技研究。产、学、研一体化的教学模式以学校和企业紧密结合为前提，以科研部门的参与为基础，促进教育、科研、产业的互动式发展，构建理论教学、实践教学和素质教育的三大体系，提高人才培养的质量。

3. 产、教、贸一体化的教学模式

所谓"产、教、贸一体化"，即集生产、教学、市场营销为一体。这种教学模式把学生在校学习和在公司实践统一到一个完整的教学过程中，使课堂教学与现场教学有机结合，强化了学生的动手能力，使教学面向社会，面向市场，使教学过程真正融入市场，实现了教学、生产、营销相互贯通，相互促进，有利于教育资源的合理利用。在这种教学模式中，教师既是教学

工作的组织者、实施者,又是企业工作的生产者和经营者。学生在实战的氛围中锻炼了自己的职业能力和创业能力。对于专业建设来说,也可随时了解现实职业岗位的变化,并据此调整教学计划,更新课程内容,使专业建设与未来人才市场发展同步。

4. "双证制"的教学模式

所谓"双证制",即指学生在学习期间按照学校的教学计划,顺利地完成了学习任务,毕业时可以拿到学校发给的毕业证书;同时,学生在校期间参加劳动部门举办的职业岗位培训、考试与鉴定,考试合格后可获得相应的职业岗位证书,如导游证、会计证等。"双证制"的推行提高了学生的岗位适应能力、职业能力和创新能力,增强了人才培养的职业性和针对性,提高了学生的市场竞争力。"双证制"在一定程度上可以替代企业对毕业生上岗前的二次培训,实现了人才培养与社会职业岗位的接轨。

5. 技能模块组合的教学模式

所谓技能模块组合,是指将专业教学所包含的各项技术能力分解为相对独立的一个个模块。同时将每一个模块所应掌握的知识和技能分成若干教学子模块,按照由浅入深、由易到难的技术形成特点,分块强化,优势互补,逐个突破。在教学过程中,根据要达到的具体能力目标,选择相应的教学模块,实行多种模块并用,让学生能"边学、边练、边用"。

在这种教学模式下,只要模块设计合理、专业性强、目标明确、重点突出,并且便于灵活组织和安排教学,就会较好地实现培养目标。如在岗位技术能力教学中,应按照职业岗位对知识结构、能力结构和职业素质的需求,构建理论教学、技能训练、顶岗模拟等教学模块,通过实施岗位技术能力分项目、分阶段、分过程,由分散到综合、由训练到生产的教学模式,从而实现职业岗位技术能力的培养目标。

随着高职教育的发展,高职教育教学模式还应根据不同行业、不同地区、不同专业、不同课程进行不断探索,总结出新的、更具职业教育特色的教学模式,为我国高职教育教学改革做出更大贡献。

第三节　教学方法与学习方式的改革创新

一、高职教育教学方法改革创新探析

高职教育以培养适应生产、建设、管理、服务第一线需要的应用型专门人才为目标。因此,高职教育在教学方法改革中应注重培养学生的应用能力。在教学过程中,教师不仅要注重讲,更要注重训;不仅要关注"讲"什么、"训"什么,更要关注怎么"讲"、怎么"训",以及如何处理好"讲"与"训"之间的关系。高职教育教学方法改革是推进技能型人才培养的动力。基于高职教育教学任务的多样性和教学对象的差异性,教学方法的改革已势在必行。目前,高职院校教学改革已出现了主导性多元化的局面。所谓主导性多元化,即以教师为主导,教师可根据不同的对象和内容采取多元的教学方法,让学生变被动学习为主动学习,充分调动学生学习的积极性。

(一)高职教育教学方法改革创新的现状

高职教育教学方法改革呈现出百花齐放的良好局面。主要的教学方法有以下六种:问题式教学法、案例教学法、讨论式教学法、项目教学法、现场教学法、认知教学法。

1. 问题式教学法

问题式教学法,是指在教学中以"问题"为"中心",组织学生进行思考、探究,进而培养学生获取新知识的一种教学活动。教学过程就是一个设疑、质疑、解疑的过程。课前教师在吃透教材内容的基础上,根据学生的需要与兴趣,精心设计符合学生思维空间与思维模式的问题,引导学生思考,调动学生参与的积极性,让学生去发现、去探究。这样做,可以培养学生获取新知识以及分析问题、解决问题的能力,提高学生的交流能力、合作能力、探究能力和生存发展能力。在问题的探究中,要努力做到全员参加,鼓励学生之间开展持之有据、言之有理的争论,提倡勇于坚持自己的观点,但又不固执己见的学风。教师在教学活动中应以指导者、组织者、参与者、研究者的身份出现。在问题讨论过程中,教师应善于捕捉学生创造的火花,及时对学生进行鼓励、引导,并对其学习成果进行总结提升。

2. 案例教学法

案例教学法,是指利用根据真实的事件撰写的案例进行课堂教学的教学方法。该教学方法是把理论融入一个个生动的具体案例中,既讲理论,又讲实践,深入浅出,通俗易懂,增强学生对教学内容的理解与记忆,使学生形成科学的思维模式。案例教学法可通过典型案例,将学生带入特定事件的情境,使学生在独立思考或集体协作的状态下,进一步提高识别、分析和解决问题的能力,进而形成良好的知识学习与驾驭能力、沟通能力、职业能力和协调能力。运用案例教学,一方面,可使理论的阐述更透彻、更具体;另一方面,可以极大地提高学生的学习兴趣和主动性,活跃学生的思维,开拓学生的思路,使学生成为课堂教学的中心,可以较好地提升学习效率。

3. 讨论式教学法

讨论式教学法,是指对课程中的某些内容采用讨论的方式进行的一种教学活动。首先,教师在上课前要做充分的准备,把讨论课的教学内容、教学目标告诉学生,然后让学生通过预习和查阅资料做准备;其次,教师在上课时让学生围绕本课的教学内容和要达到的教学目标进行讨论;最后,教师根据讨论结果进行总结归纳。这样,学生不仅能明确教学目标,而且能够掌握实现目标的途径和方法,可以充分发挥学生的学习潜能,激发学生的学习兴趣,培养学生的参与意识和创新精神,使学生在参与中获得提高。

4. 项目教学法

项目教学法,是指通过具有真实应用背景的模拟或真实的项目,包括生产性的、设计性的或综合性的,让学生了解项目对象,即产品、商业活动、管理系统,提出技术路线和解决方案,再进行生产性工作,最后形成物化的或非物化的产品的教学活动。项目的大小和教学要求可以根据实际条件确定,教学活动形式可以由个人完成或由小组完成。项目教学不仅可以培养学生的专业技术能力,也是培养关键能力和职业素质的有效形式,更是提高学生全面素质的有效形式。

5. 现场教学法

现场教学法,是指将课堂搬到工程现场,通过现场的情境感染和实物形象来激发学生的形象思维的教学活动。这一教学方法将使学生获得直观的、现实的知识,加深对知识的理解和记忆,并能提升学生对知识的运用能力和实际操作能力。

6. 认知教学法

认知教学法,是指按照人们认识客观事物的一般规律而设计的教学模式,即通过对事物的感知—表象—思维的过程,培养学生的"认知技能",即智力技能的教学活动。认知教学法的教学过程通常包括:①知道要做什么,即了解教学活动的结果定向。②感知是什么,借助实物或模型,通过人的感觉和知觉去感性地认识事物。③认知为什么,借助各种语言理性地描述事物。由于许多工科类专业的应用对象为设备、产品、仪器、结构等有形物,因此,认知教学法非常适合高职类学校教学实践。

(二)创新教学方法的主要途径

从当前高职教育的实际情况看,教学方法的改革宜从以下四个方面入手:

第一,把传统的"传道、授业、解惑"的教育观念转变到以创新人才培养为主要目标的教育思想上来,自觉地将创新教育寓于各个教学环节之中。

第二,把"以教师为中心"的教学方法转变到"以学生为中心"上来,突出学生的主体作用,充分发挥教师的主导作用。

第三,从偏重教学中解放出来,注重将科研引入教学过程,激发学生的创新精神,注重科研方法的训练,提高学生的科研能力与创新能力。

第四,从灌输式方法转变为启发式、讨论式、研究式的教学方法,充分调动学生的积极性。积极利用多媒体、远程网络教育等现代教学手段,改变以往黑板加粉笔的说教方法,激发学生的学习兴趣,提高教学质量和教学效益,让学生变得更活、更实。

二、高职教育学习方式创新探析

高职教育教学改革除了要对教师的教学方法进行改革外,教师作为学生学习的组织者、引导者、合作者,还要注意自己"怎么教",关注学生"怎么学"。高职教育应根据高职学生学习的特点,及时指导学生学会学习,要让学生在学中练,在练中学,以练促学,以练促用,做到学练结合,学以致用,让学生变"学会"为"会学""会做",使学生转变单一、被动的学习方式,进而建立起主体性多样化的学习方式,这是高职学生提高学习质量的关键。

(一)学习方式的创新,使高职教育充满了活力

高职教育的教学过程应根据学生学习环节的实践性、学习安排的阶段性、学习过程的自我适应性、学习态度的自主性、学习方法的科学性、学习手段的多样性等特点,在遵循"讲课要讲活、读书要读活"的原则下,教师的教学方法活化,学生的学习方式也日趋多样化,其中,主要的学习方式有以下五种。

1. 互动式学习方式

互动式学习方式,是指在课堂教学中教师从主体转为主导,进而创造出教学中师生平等、合作、和谐的课堂氛围,使师生在知识、情感、思想、精神等方面的相互交融中实现教学相长的一种方式。它的本质特征是师生平等和相互尊重,促进教学由单向交流向双向交流转变,推动教学中不对等交流向平等交流转变,使学生由单向传输的被动接受向双向交流的主动接受转变,由单一知识教育向综合的素质教育转变,进而带动信息互动、情感互动、思想互动、心灵互动的新局面。这种在教学过程中使学生变被动为主动,进而形成师生互动的学习方式,在高职院校中已广为运用,并且收效非常明显,受到师生的普遍欢迎。

2. 自主式学习方式

自主式学习方式是指一种由学生自主进行而不受他人支配的学习方式。学生在学习中具有分析、反思,进而做出决定和独立行动的能力。自主学习是在以学生为主体、教师为主导的情况下所进行的教学活动,学生具有管理自己的能力,包括自己设计学习活动、监控学习进程和评估学习效果等。为此,教师在课堂教学中所要把握的关键是如何培养和发展学生的学习自主性,教师需向学生提供有益于学习的选择和决定的机会,帮助学生提高在知情中做出选择和决定的能力。

3. 体验式学习方式

体验式学习方式,是指教师在教学过程中让学生走出课堂,通过组织学生到企业参观、做专业调查、负重拉练、参加相关行业的义务劳动或社会公益活动等实践活动,使学生所学的理性知识获得充分的感性支持,尽快缩短"知"与"行"的距离的一种学习方式。例如,在专业课的学习中可以利用专业实习、实训的机会进行思想道德教育。运用技术操作和管理等手段,使学生在实际操作中了解和体会遵守职业道德规范的必要性和重要性,提高学生对生产实践中职业道德条款的理解度和遵循度,达到"有章要循""有法必依"的效果。

4. 研究性学习方式

研究性学习方式,是指学生在教师的指导下从自身生活和社会活动中选择并研究专题,以类似科学研究的方式,主动地获取知识、应用知识来解决问题的学习活动。这种研究性学习方式改变了学生单纯地接受教师传授知识的学习方式,为学生构建了一种开放的学习环境。在这一活动中,教师充当指导者、合作者和助手,可以根据教学内容采用灵活多样的方

式让学生发现问题、分析问题和解决问题；学生亲身参与研究探索，学会分享与合作，培养科学态度和道德意识，培养社会责任感和使命感，同时，进一步丰富学生各种知识储存，并尝试相关知识的综合运用。

5. 适应性学习方式

适应性学习方式，是指学生在学习环境变化了的情况下，通过自己的主观努力，克服心理上的不适感或茫然感，积极变被动为主动，将自己的心态调整到能正常学习的一种心理状态。学习环境的变化将伴随终身，掌握自我适应性的学习方式将使学生受益一生。

(二)学习方式创新的基本途径

1. 带着问题学习

在教学过程中，教师不仅要培养学生分析问题、解决问题的能力，更要培养学生发现问题和提出问题的能力。提出问题往往是创新的开始，强化问题意识是创造性和创新能力的基础，问题是创新的驱动力，没有问题也就不会有创新。能提出新问题，或者从新的角度去思考老问题，往往会引起新的发现与突破。所以，学生要努力营造多种问题情境，以问题作为学习载体，以问题为中心，始终保持一种怀疑、困惑、焦虑、探究的心理状态，围绕问题的发现、提出、分析和解决来组织自己的学习活动。带着问题的学习是提高主动学习能力的一条重要途径。

2. 通过实践学习

高职技术教育以培养应用型高级专门人才为目标，其理论教学是以"必需"和"够用"为度，大部分教学内容是要通过实践来组织和完成的。因为实践教学既是认识的源泉，又是思维的基础。它不仅能获取知识，还可强化技能的培训，给学生一定的直接经验和感性认识，进而提高他们的动手能力、操作能力，以及发现问题、分析问题和解决问题的能力，使他们能够把书本上所学到的理论知识转化为能够应用的东西。

3. 利用网络学习

20世纪90年代以来，以计算机多媒体技术和网络通信技术为核心的信息技术迅猛发展，把人类带入了网络时代，网络已成为人们生活、学习、工作中不可或缺的工具。高职院校通过计算机校园网络，将教育教学手段延伸到校园内外的每一个角落，从而使师生间的教学互动变得更为快捷和简明。网络改变了以往黑板加粉笔的单一的教学方式，使学生拓宽了学习视野，丰富了学习资源，激发了学习兴趣，进而主动设计自身的学习活动。在网络技术运用中还可以进一步培养学生收集、处理、储存、利用信息的能力，进而利用网络解决学习、生活、工作中遇到的各种问题，提高学习和生活效率。

4. 在对话中学习

在高职教育教学过程中，教师要创立一种活跃的学术氛围，安排一定的教学内容让学生自学，并在此基础上组织学生进行讨论和对话，让每名学生都能发表各自的观点和见解，充分调动学生学习的积极性和主动性,使他们从听教师"满堂灌"的被动接受式学习中解脱出来,形成一种在教师指导下,学生主动去查找资料,寻找依据,在对话中获取知识的学习活动。这种对话式的学习方式不仅可以促进师生间彼此心灵的沟通与交流,引发双方对教学内容、教学方法和学习方法的探究与交流,而且对突出学习的主体性、交互性、协调性,转变学生的学习方式,提高学习能力都具有不可估量的作用。因此,教学中应大力倡导在对话中学习的方式。

5. 在创新教育中学习

人类要生存、要发展,就必须要创新。创新就是要淘汰旧的观念、技术和事物,创造和培育新的观念、技术和事物。目前,创新教育已为大学生的学习创造了良好的机遇。创新教育与传统教育具有以下几方面明显的区别:①创新教育是学生主动地获取知识,而传统教育多半是学生被动地接受知识。②创新教育强调学生提取和加工信息的能力,而传统教育多半强调学生储存、积累知识的能力。③创新教育提倡学生探索众多的未知领域,设想多元化的解决问题的方案,需要学生进行选择与决策,而传统教育主要是给学生以现成的、唯一的标准答案。④创新教育注重学生发散思维的训练,而传统教育多半注重学生集中思维的培养。⑤创新教育注重学生学习的思维过程,是"过程性教育",而传统教育注重的是人类思维的结果,提供结论性的知识,是"结论性教育"。⑥创新教育注重培养解决模糊领域问题的人才,即"生产知识者",而传统教育注重培养解决精确领域问题的人才,即"知识生产者"。⑦创新教育强调教学的差异性,是对学生进行高标准的选择性突破,而传统教育多半强调教学的统一性,是对学生进行低标准的全面平推。⑧创新教育讲究未来的发展趋势,而传统教育讲究现有的传统规范。⑨创新教育注重学生对未来社会的应变能力,而传统教育多半强调学生对当今社会的适应能力。⑩创新教育强调变动和发展,目标是培养"创新型""素质型"人才,而传统教育更多地强调模仿与继承,目标是培养"应试型""知识型"人才。因此,实施创新教育,培养创新型人才,不仅是高职教育发展的必然趋势,同时也是目前世界大学教育发展的方向。高职教育的工作者,应加强对学生的趋异、自信、冒险、进取等品质的培养和训练,增强学生学习的自主性和独立性,培养其独立思考和解决问题的能力,使他们敢于认识和研究自己所不知道的问题,不断提高认识水平,善于将新的学习内容灵活变通地纳入已有的认知结构。

三、高职教育学习方式多样化探析

教育必须着眼于学生潜能的唤醒、挖掘与提升,促进学生的自主发展,必须着眼于学生的全面成长,促进学生认知、情感、态度与技能等方面的和谐发展,为培养未来社会优秀的接班人做好铺垫。在当前大力推行素质教育和知识经济快速发展的形势下,改变不合时宜的学习方式,用以自主性、合作性、探究性为主要特征的多样化的学习方式取代传统教育显得尤为重要。

(一)学习方式及其特点

学习方式是学习者自主的、独特的、具有相对稳定性的认知方式。学习方式的定义是人们在学习时所具有的或偏爱的方式,是学习者在研究和解决其学习任务时所表现出来的具有个人特色的方式。学习方式有相对稳定性、个体差异性、可变性等特点。

首先,学习方式具有相对稳定性。人人都有各自的生活背景、内心世界和相应的生活经验,有自己观察和解释世界的独特方式,因此,在教学中,学生可以能动地接受,但也可能消极地排斥。学习方式是一个人在认识外部客观世界的过程中逐渐摸索形成的,学习方式一经形成即具有相对稳定性,且会形成习惯和定势,难以更改。

其次,学习方式具有个体差异性。每名学生都有自己的学习方式,例如,有的学生习惯于由一般到特殊的学习秩序,对于先呈现知识总提纲,再呈现例子和应用分析的学习内容有较强的接受能力;而有的学生习惯于由特殊到一般,即先学习具体事例,最后由事例归纳结论;又如,有些学生喜欢通过写来记忆材料;有些学生则喜好通过复述来记忆材料。

最后,学习方式具有可变性。某种认知方式在学习进程中经历了多次失败后,学习者会转而寻求新的学习方式;或者学习者在与同伴共同学习的过程中,逐渐吸收同伴优秀的学习方式,并结合自身实际,对原学习方式不断加以调整和改进,从而形成适合自己的新的学习方式。

(二)实现学习方式多样化的必要性

1.学生个体之间存在差异

学生个体之间存在差异,有的学生学得快,有的学生学得慢,要是用统一的学习方式来要求所有的学生,势必会造成学习效果的参差不齐。即使学生的智力水平和学习动机等因素相同,他们在接受、储存、转化、提取和应用知识过程中所采用的感知和思维方式也会有很大差异。学生学习方式的个体差异影响着他们在学习过程中获得经验的方式。因此,学习方式的多样化是不可避免的。

2.素质教育呼唤学习方式的多样化

素质教育的一个重要任务是培养学生的创新精神和创造能力,培养全面发展的人才。学生走上社会后,缺乏再学习能力和创新能力,不能学以致用,就意味着不能生存。学习方式的多样化在某种程度上可以解决这个问题。

此外,合作学习可以在很大限度上改善这种状况,通过合作学习,可以增加人与人之间的信任感,团队精神也将得到升华。

(三)如何实现学习方式的多样化

实现学习方式的多样化,一方面要从教师入手,建立平等和谐的师生关系,教师要改变教学技术和教学行为,引导学生积极转变学习方式;另一方面要从学生入手,学生要变"要我学"为"我要学",结合自身实际,探索适合自己的学习方式。

1. 提高教师素质,实现教学方式个性化

在学习方式多样化的进程中,教师是学习的促进者和参与者,是活动的组织者和情感的支持者,因此,教师必须注意吸收多方面知识,提高自身的素养。教师应根据不同的情境、不同的学习者以及不同的学习阶段,对自己所扮演的角色及时进行相应的调整。学生普遍存在个体差异,教师要因材施教,在平时教学中要多注意观察,帮助学生找到最适合自身的学习方式。

2. 培养学生自主学习、合作学习、探究学习的品质

(1)培养自主学习的品质

自主学习是相对于传统学习方式中的"他主学习"而言的,一般指学生在学习过程中表现出来的自主意识和自主能力。具体表现为学习者有明确的自我学习目标,有自觉的行为追求,会选择适当的学习方法以获得自己期待的学习效果。强调学生学习的自主性,并不排斥教师的引导。离开教师的引导,学生的学习就可能失去方向,就难以保证学习活动的顺利完成。教师要从学生的"学"出发,为学生的自主学习留有更充分的时间和空间,营造一种富有挑战的学习氛围,引发学生自主学习的积极性。

学生可以通过阅读、质疑、研究、总结和实践的过程来完成自主学习。质疑能力是人类潜在的天性,教师要尊重、调动和正确引导学生的这种潜能,并使之成为学生学习过程中一种非常重要的能力。在阅读教材的过程中,可以鼓励学生自己提出疑问,也可由教师布置课题,让学生带着疑问去查资料,翻看相关课外书籍,向他人询问等,最后再进一步总结,写出报告。理工科的学生还可以通过实验来验证结果的正确性。

(2)培养合作学习的品质

通过合作学习可使学生学会与他人合作,它不仅是促进学生学习的形式和方法,也是学习的目的。合作学习最重要的就是培养学生的合作意识、合作能力和合作精神,通过合作促进学生的协调发展是学习最核心和最根本的目的。

(3)培养探究学习的品质

探究学习是针对传统学习方式中的"接受学习"而言的,是指学生在学习人类既有知识的过程中,对知识的合法性与权威性保留自己质疑、评价、批判的权利,而不被动学习或全盘接受。探究学习是以活动为主要形式的学习,结合学生的亲身经历,密切联系学生自身的生活,要求学生参与到活动中的每一个细节,在活动中自主选择问题进行探索、体验、感受生活,发展实践能力和创新能力。

3. 利用信息和网络技术实现学习方式多样化

当前计算机和网络信息技术发展迅速,这些技术可以被应用到学习方式的转变上来,以实现学习方式的多样化。

丰富的网上资源可为探究学习提供重要的知识源泉和丰富的探究课题,其中包括全方位、多层次、多角度且图文并茂的文献资料,以及多种多样的解决问题的思路。网上的信息传播速度非常快,可大大节省探究时间,提高学习效率。

网络虚拟环境可为学生提供现实中难以体验或无法亲身体验的情境。网络中的虚拟情境与虚拟交往为学生的探究学习提供了一个丰富的信息世界。它汇集了计算机图形学、多媒体技术、人工智能以及人体行为学等多项关键技术,通过多媒体技术与仿真技术相结合,生成视、听、触觉一体化的虚拟环境。在学习过程中,可以利用网络把问题融于具体的虚拟情境中,学生在自然状态下与虚拟环境中的客体进行信息与情感互动,其效果是传统的教学手段难以达到的。

网络可为学生提供交流与协作的平台。学生可以在各自家中实现远程互动,用聊天工具或发电子邮件互相讨论,这些都有助于推动学习进程,增强学习效果。

4. 实现学习方式多样化的前景

创新是一个民族的灵魂,是一个国家兴旺发达的动力和源泉,创新的关键在于人才,人才的成长靠教育。要想培养具有创新精神和创新能力的人才,就必须注重提高学生的学习能力,重点要在自学能力、研究能力、思维能力、表达能力和组织管理能力等方面努力。实现学习方式多样化有助于因材施教,培养高素质人才,提高学生再学习的能力,使学生树立终身学习的理念。

实现学习方式多样化任重道远,学习方式的多样化将有效地推进各类教改的实施,同时也将促使学生多学、快学知识,学好、用好知识。

四、高职教育探究性学习方法研究与思考

随着知识经济的加速发展和社会节奏的不断加快,如何指导学生有效学习,为未来社会培养高素质的适应社会变化的人才,已成为各类学校共同关注的课题。探究性学习是一种体现学生学习自主性、激发学生创新意识的学习方式,能够有效地培养学生的思维能力、创新能力和实践能力。

(一)探究性学习及其特点

1. 探究性学习的内涵

广义上讲,探究性学习泛指学生以探究问题为主要目的的学习;狭义上讲,它是一种专题研究活动,是指学生在教师的指导下,选择确定研究专题,以类似科学研究的方式主动地获取知识。作为学习方式,探究性学习是与接受性学习相对应的,是学生在教师指导下自主地发现问题、探究问题、获得结论的过程。探究性学习是一种积极的学习过程,是学生在学科学习中自己探索问题的学习方式,即在教学过程中教师创设一种类似科学探究的情境或氛围,引导学生从学习活动及社会生活中选择和确定探究专题,用类似科学探究的方式,主

动地探索问题、发现规律、体验成功和失败。通过采用这种在发现和体验中学习的方式,学生不仅可以学到科学知识,而且可以学会对信息的收集、分析和判断的方法,并形成主动获取知识、应用知识解决问题的良好的学习态度和学习习惯,从而培养他们的思维能力、创造能力和实践能力。

2.探究性学习的特点

(1)自主性

探究式学习改变了学生被动地接受知识的状况,教师在此过程中更多地起到了指导者、协助者和参与者的作用。学生被真正置于学习的主体地位,从课题的选择,材料的收集、整理、分析,到成果的整理、汇报等整个过程都自己去做,充分体现了教学过程中学生学习的自主性。

(2)灵活性

这里所说的灵活性包括两层含义:一是选题灵活,即指探究性学习以问题为教学活动的载体,这些问题大多是学生自己在与他人的互动和交流中产生的,源于学生的真实生活,具有较强的现实性、生活性、社会性与实践性,而且问题种类繁多,可以灵活选择;二是方式灵活,探究性学习为学生创造了充分发挥创新潜能的宽松环境,这种和谐的氛围有利于学生的创造和想象,有利于学生创新思维的发展。探究性学习的方式比较灵活,可以通过课堂讨论、课外兴趣小组活动、查找资料、实验、调查等来实现。多种多样的探究性学习活动也必然产生多种多样的学习成果。

(3)过程性

在探究性学习中,学生以类似科学探究的方式,查阅资料,进行实验,通过假设、求证,最终解决问题,得出结论。这种发现问题、思考问题、探究问题和解决问题的过程就是一个探究过程。探究性学习重视学习结果,更重视学习过程,重视学习过程中学生的感受和体验。

(二)对探究性学习的展望

探究性学习在一定程度上可以弥补传统教育的不足。在探究性学习中,学生的"知""情""意""行"等多方面都会得到不同程度的发展。21世纪是知识经济的时代,培养创新人才的任务很艰巨,通过探究性学习可以多方面锻炼学生。在高职教育教学工作中如何把探究性学习真正落到实处,需要高职教育工作者在今后的教学和科研实践中不断探讨和总结。

五、推行研究性学习方式,提高学生的能力

高职教育人才培养的新模式,是以适应社会需要为目标,以培养技术应用能力为主线设计学生的知识、能力、素质结构和培养方案,以应用为主旨和特征构建课程和教学内容体系,毕业生应具有基础理论知识适度、技术应用能力强、知识面宽、素质高等特点。实践教学的主要目的是培养学生的技术应用能力。这种新模式的特点主观上要求高职院校的教学模式

和学习方式必须以培养学生的应用能力为重点。教学活动要改变传统的接受性学习方式，推行研究性学习方式，以适应教学模式的转型。

研究性学习是指在教学过程中创设一种类似科学研究的情境或途径，让学生主动地探索、发现和体验，学会对大量的信息进行收集、分析和判断，从而增强学生的思考能力和创造能力。研究性学习具有自主探究、实践多样、开放结合、重在过程的特点，强调以问题为依托，培养学生探究知识和运用知识的能力。倡导研究性学习既是时代的要求，又是历史的必然。

在教学过程中，推行研究性学习方式，要求做好以下几个方面的工作。

（一）培养和激发学生的问题意识

问题意识是指人们在认识活动中，经常意识到一些难以解决或疑惑的理论问题或实际问题，并产生怀疑、困惑、焦虑、探索的心理状态，这种心理又驱使个体积极思维，不断提出问题和解决问题。它不仅体现了个体思维品质的活跃性和深刻性，也反映了思维的独立性和创造性，问题意识是培养学生创新精神的切入点。在研究性学习中首先要激发和培养学生的问题意识。激发学生问题意识的关键是创设良好的教育环境和气氛，增强教学民主，师生之间要保持民主、平等、和谐的人际关系，鼓励学生质疑问难。培养学生的问题意识，除了要有良好的教育教学环境外，还要特别注意，教师在教学过程中不能把问题强加给学生，而应通过启发式教学，精心设置问题情境，以此来培养学生的问题意识，让他们自己发现问题，并主动提出问题。

（二）强调从做中学，增加实践性学习活动

教育即生活，学校即社会。学习不仅应该包括使用书本，还应包括使用工具和使用与学习有关的材料；学习不仅应该在学校内，还应该在社会之中，学习应尽可能多地与劳动和社交相互作用，强调通过各种活动让学生从实践中，而不是从读死书或死读书中，获得各种知识和经验并提高能力和技能。

研究性学习本身就是强调从做中学，力图通过"做"的主动探究过程来倡导创新精神，培养动手能力和解决实际问题的能力。研究性学习是一种积极的学习过程，是学生自己探索问题的学习方式。高职院校的教学过程中，应坚决主张这种实践性的教育观点，将教师讲授的理论课时尽量压缩，原则上学生自己能看懂的可以不讲，尽可能保证学生有比较充分的自学研究的时间，增加实验、实训、研究活动的时间，学校要提供网络化多媒体学习室，提供学生自主学习的软件平台和必要的网络资源。学生在多媒体和网络化的学习环境中创造性地应用现代教学技术，自主选题，收集资料，培养自己的学习能力。学校还要通过调整教学计划，增设实践性教学环节，如大量的实验、实训和实习活动，以此提高学生的专业技术能力。

（三）鼓励学生通过自主学习获得结论

从本质上讲，研究性学习是以学生为主的学习，让学生的自主探索取代教师的言传和身教，在"教"与"学"的关系上，强调学生的内在动因。人天生具有学习的内在潜能，任何正常的学习者都有发挥自己潜能的愿望,通过自我努力,最终达到自我实现的目标。高职教育中要尊重学习者,解放学习者,真正把学习者视为学习活动的主人,建立以人为中心的教育观,并以此作为教育的最高准则。教学中要以学生主动探索为主要途径,教师作为指导者和引导者,启发和诱导学生,努力为学生的探索和研究创造条件。教师教学的重点是精心做好教学设计,通过设立问题情境,让学生独立、自主地发现问题,并通过实验、操作、检查、信息收集与处理、表达与交流等活动,在探究过程获得知识与能力,掌握解决问题的方法,使学生"研有基础,究有素材,创有条件"。在研究性学习方式下,学习结论的获得不是从教师那里或从书本上直接得到的,而是学生以类似科学研究的方式,运用查资料、做实验、实际调查等方法,通过假设求证,最终解决问题,获得学习结论。

(四)提倡合作学习,培养合作的品质

研究性学习即要充分发挥学生独立思考的能力。由于研究性学习过程本身就是师生之间、学生之间的不断讨论和交流过程,因此,更要提倡师生之间、学生之间的相互合作,通过组织小组、班级等多种形式的活动,发挥个人的自主学习能力以及小组协作能力,组员之间、教师与学生之间进行广泛的交流,有收获共享,有困难共同解决,实现学生间的优势互补和信息的多向传输。在这种学习过程中随着问题的不断发现和经共同努力不断解决问题的体验,培养学生合作的品质。

六、高职学生创新素质的培养研究

(一)高职院校培养学生创新素质的重要意义

高职教育作为我国高等教育的重要组成部分,担负着为社会各行各业培养高级应用型创新人才的任务。提高高职学生的全面素质是高职院校的紧迫任务,而创新素质教育是素质教育的核心。所谓"创新素质",是指在继承先天既得性特征的基础上,通过后天获得性影响的努力形成的相对于有的知识和经验的一些新的、健康的、良好的素质,它是创新意识、创新思维、创新能力等综合作用的结果,是人的综合素质中最具有创新功能的特殊素质,是人的综合素质的集中体现。相对于"创造"这一高层次的创新概念而言,高职院校对学生进行应用型创新素质的培养,包括创新意识、创新思维、创新能力和创新人格。创新是社会发展对高职院校学生的客观需要,也是高职学生立足于现实并通过努力有望获得的必备素质。创新素质的培养对整个社会及高职学生自身的可持续发展都有着十分重要的意义。

(二)高职院校学生创新素质的培养目标

以培养学生创新精神为目标的创新教育,应围绕创新核心内容的三个层次展开,即培养学生再次发现知识的探索精神、重新组合知识的综合能力,以及创造前所未有的事物的创造意识和创造能力。创新教育所培养的人才要具有"无中生有、有中生新"的能力和潜质,这也正是现代企业对人才的一个基本要求。

总之,高职院校学生创新素质的培养目标应围绕创新意识、创新思维、创新能力的培养,最终使学生形成稳定的创新品格。创新型人才的知识、能力特征主要包括：强烈的好奇心和求知欲，较强的创新意识，敢为天下先的创新精神，锲而不舍的钻研精神，积极进取、精益求精的工作态度，崇高的社会责任感，积极的民主参与热情，高度的自信与积极进取的心态等。具备了创新素质的人就具备了创新观念、创新认识、创新个性等方面的修养，并通过观念、行为、精神、个性等表现出来，这是创新素质的最根本内容。具有这样特质的人，就会爆发出强大的创造力，最终成为创新型人才。

（三）高职院校学生创新素质培养的途径

培养创新能力是社会发展的必然要求。教育的使命是要赋予每个人以创造性，知识产权保护使创造性能力备受重视。企业需要产品技术的创新、管理理念的创新、产品营销策略的创新和多元文化思维的创新，因此要求高职院校学生必须具备这些创新能力。高职院校可以通过以下途径培养学生的创新素质。

1. 营造良好的环境氛围

高职教育应利用第二课堂，营造一种平等、民主、积极进取、奋发向上的学习氛围。通过社会实践，发展学生的个性，培养学生的竞争意识，合作意识，敢于尝试、不怕失败的勇气，以利于培养学生发现问题、分析问题、解决问题的能力，发展创新思维。

首先，要成立各种兴趣小组和社团。学生对某个感兴趣的领域的东西投入时间和精力去研究，创新素质就有可能得到自主培养。在集体活动中，个体间通过相互沟通和交流，可以互相促进、互相启发，这对创新能力的培养非常有益。其次，高职院校要尽可能多地举办学术讲座和大学生学术论坛等活动。学术讲座和学术活动可以开阔学生的视野，培养学生的兴趣，活跃学校的学术和创造氛围，引导学生走上求新、创新之路。

2. 树立创新教育观念

高职教育必须以人为本，树立现代创新教育观念，即要改善教育环境，营造民主气氛。在教育观念上要体现三个转变：一是要从传授知识为主转向培养学生会学习和创造为主；二是要从以教师为中心转变为以学生为中心；三是教师要有创新思想和创新意识。

创新意识的形成，有赖于长期综合性的陶冶与熏染，民主、自由、和谐、安全的精神环境，是创新素质成长不可或缺的"土壤"。只有在民主氛围当中，才会有人格的自由与舒展，才会有思维的活跃与激荡，进而才会有创新潜能的迸发。从某种意义上说，民主的精神氛围不仅是创新教育的必需条件，而且其本身就是最有力的创新教育。

第四节　教师职业道德与教学修养的改革创新

一、加强高职教师职业道德建设的必要性

高职学校在社会发展中应当发挥引领先进文化方向和社会道德潮流的示范作用。高校

教师的价值取向、精神风貌和综合素质直接影响着大学生的素质和高职教育的质量。学高为师,德高为范。因此,加强高校师德建设,在当前这个复杂的社会转型期,尤显必要。

(一)加强高校师德建设,是实现习近平新时代社会主义思想的要求

高职院校教师承担着培养适应社会主义市场经济发展所需要的创新型、应用型人才的任务,必须而且应当能代表当今时代可能达到的文明及道德发展的最高水准。首先,建设高素质的高校教师队伍,培养高素质的人才,是实现先进生产力的关键要素;其次,高校作为先进科技文化基地,有高素质师资队伍才能引领先进文化方向;最后,中华民族拥有尊师重道的传统,教育担当着民族振兴和培养人才的社会重任,高校教师提高自身素质,加强师德修养,不负社会厚望。

(二)加强高校师德建设,是实施"以德治校"的中心环节

实现中华民族的伟大复兴,关键靠教育,而科教的繁荣需要良好的道德氛围,要把"依法治国"和"以德治国"结合起来,实施"以德治国"方略。高校落实"以德治国"方略就是以德治校、以德治教、以德育人。良好的师德是形成良好道德风气的关键和基础。

加强高校师德建设,是高校道德建设实现"以德治校"的源头性工程。高校教师以身作则、率先垂范、以德育人,是培养品德优良学生的前提;而师生道德共建,又是以德治校的前提和内容。因此,加强高校师德建设,是实现"以德治校"的中心环节和构建和谐校园的重要举措。

(三)加强高校师德建设,是推进素质教育的关键

素质教育的关键是要坚持科学发展观,坚持以人为本。高校要以大学生为本,探索教育的基本规律,坚持科学的教书育人方法。高校应以优良的校风来熏陶人,高校教育面对的是价值观念虽已初步形成但尚未成熟的群体,在大学生人生观、价值观的成熟过程中,高校教师起着关键性的作用。在道德建设中,教师应当言传身教,要想学生之所想,急学生之所急。

(四)加强高校师德建设,是提高办学水平的需要

师德建设是高校办学目标的一项重要内容。高校除了教学、科研两项工作外,还要做好学生和教师工作;除了注重教师专业素养,还应提升教师道德修养。良好的学术道德和师德师风是学术和科研的温室,良好的师德水平是高校建设所追求的目标,同时也是高校办学成效和实力的重要标志。因此,高校不仅应是学术和科研的圣地,更应该是良好的学术道德和师德师风的圣地。加强高校师德建设,是建设良好校风、提高办学水平的要求。

(五)加强高校师德建设,是教师全面发展的根本要求

教师的全面发展包括师德、专业、心理、身体、审美等诸方面的协调发展和共同提高,其中师德起着方向性、导向性的作用,它直接影响着教师的全面发展。高校教师要有所作为,实现自我价值,师德是各方面条件之首。只有做到德行双馨,才能为社会所承认,也才能实现自身的价值。职业幸福感、满足感是教师全面发展的一个重要指标。只有发自内心地爱

岗敬业,把教书育人作为一项创造性的劳动,才能在工作中获得成就感、满足感和职业幸福感。

二、加强高职院校师德建设之对策

(一)建立健全高校师德建设调控机制

建立在现代控制论基础上的教育控制论认为,人们可以对教育系统的各个环节进行控制,以达到最优教育目标。高校师德建设是一项系统工程,也应遵循控制论思想,要对影响师德建设的系统内外因素和诸多环节进行控制,从而达到师德建设的预期效果。而在此系统的控制中,应当建立和运用领导选拔、评价、激励、监督等有效机制,构建若干子系统,细化调控机制。

(二)优化高校师德建设环境

环境是影响教育发展的外在制约力量,教育与环境相互影响、相互制约。教育发展只有适应环境改变,争取环境支持,才能与环境和谐共进。师德建设也时刻受到环境的影响和制约,环境影响因素尤其复杂多样。因此,必须加强师德环境建设,实现师德建设与环境协调共进的可持续发展。

(三)提高高校师德教育工作的实效性

1. 强化师德理论教育

要提高教师的思想政治素质,帮助教师树立正确的职业理想和信念,加强法制教育,严格依法执教。

2. 重视心理健康教育

高校师德建设要遵循心理发展规律,加强心理疏导。一是要高度重视教师的心理健康教育;二是有关部门应采取切实措施,有效缓解教师压力;三是协调教师人际关系,营造良好的人际氛围,使教师乐于并善于与人交往,妥善化解各种矛盾,和谐人际关系。

3. 重视青年教师师德教育

高职学校应该像重视学生工作那样重视青年教师的师德教育。首先,树立为青年教师成长和工作服务的师德建设观念;其次,要加强对青年教师的理想信念和人生观教育;最后,不仅要关注青年教师的业务素质和能力的培养与提高,同时也要关心他们的思想成长、文化生活、婚姻恋爱乃至个人生活细节等。此外,还要激发青年教师热爱教育、敬业奉献的精神,提高其师德修养的自觉性,坚持自我修养、自我规范、自我约束、自我发展。

4. 创新师德教育的方法和途径

首先,拓宽师德教育的渠道和空间。如开办名人教育讲座,创办师德教育咨询团体,发挥老教师的"传帮带"作用,健全师德教育机构,建立师德建设基地,鼓励社会参与校园师德建设,借鉴中外师德教育经验等。其次,强化隐性教育途径,提高道德认知水平。最后,建立师德教育网络阵地,构建网上师德建设新平台,使网络成为师德教育的新载体。

(四)高校教师应自觉加强师德修养

1.要善于学习

学习是师德修养的基本方法。善于学习,才能学有成效,才能逐步提高道德认识水平和道德判断能力,将外在道德要求内化为自身的道德信念和追求。首先,要加强政治理论、教育理论、师德理论的学习;其次,要学习伦理道德知识,学习高校师德规范,向同行或先进人物学习;最后,要学习业务知识和理论,将理论知识和道德规范内化为自身的优秀品质,提升师德水平。

2.要时常内省

内省即对自己的思想、行为做自我剖析,找出不足之处加以改正和弥补。强调内省就是强调师德修养的自觉性和严格性。自省不仅能够使职业道德观念真正进入教师心中,增强道德意识,而且能培养教师良好的个性品德。

3.要能够慎独

慎独不但是一种道德修养方法,而且是道德修养应该达到的境界。作为道德修养的重要方法,慎独倡导人要严格要求自己,坚持在"隐"和"微"处下功夫。慎独对于高校教师尤为必要,高校教师的劳动很多都是独自在个人空间完成的,没有慎独精神,就谈不上成就事业。

4.要注重实践

首先,教育实践是优秀师德产生的土壤。教师职业道德的原则和规范都源于教育实践。只有紧紧抓住教师教育、教学、科研、社会服务等每一个实践环节,师德修养才能找到根基和支点。离开具体的教育实践,师德修养就失去了根基。其次,教育实践是师德修养的归宿。师德修养本身不是目的,师德修养的最终目的在于指导和服务实践。学、问、思、辨最终都回归到笃行上,通过实践得以不断完善。再次,教育实践是检验师德修养客观效果的标准,师德修养只能在教学科研中体现,只能靠教育实践去检验。最后,教育实践是师德修养发展的动力。只有通过教育实践,教师才能真正感受到教育中的各种新情况、新问题;只有通过教育实践,才能找到解决问题的途径和方法。师德修养也只有在不断地发现问题、解决问题的过程中,才能得到更新和提高,才能实现师德境界的升华。

第五节 师资队伍建设与发展的改革创新

一、高职教育培养的人才应以实用型、技能型为主

高职教育是工业化的产物。伴随着工业化发展的进程,各类高职院校应运而生。为了加速职业教育的发展,高职院校不能再和其他普通高校、重点高校一样重点培养理论型与研

究型人才,高职院校应有自己的定位,应以就业为导向,以培养社会迫切需要的高素质、高技能的应用型人才为根本,面向生产、建设、管理、服务一线,努力形成自己的办学特色。

从目前全国劳动力市场情况看,技能型劳动者供不应求,供需之间结构性短缺矛盾已成为制约我国产业发展后劲儿的瓶颈。人力资源是决定产业发展水平的关键因素,没有高技能人才就不可能实现产业优化升级,就没有发展后劲儿。因此,大力发展职业教育,培养社会生产一线急需的高技能人才,是提高我国综合竞争力的迫切需要。为了适应和满足对一线技能型人才的需要,高职院校应加大高职学生五大能力的培养,即具有较强的工程实践能力、解决实际问题的能力、创新能力、现场指挥协调能力、动手操作能力,以使他们能够适应生产一线工作岗位的需要。

二、创新型、实用型人才的培养需要高素质的"双师型"高职师资队伍

高职教育培养的是实用型、技能型人才,而这些人才的出现要靠具有较高实践能力的教师来培养,高职院校师资队伍的建设是高职专业建设的人才保障。

(一)对高职师资队伍整体的素质要求

高职院校应建设一支师德高尚、业务精湛、素质优秀、结构优化、技术过硬、生产懂行、专兼结合、勇于创新的"双师型"师资队伍。这既体现了高职教育师资建设的特征,又是高职教育培养创新型、实用型人才的关键。"双师型"教师应具有高教系列中级以上职称,具有传授知识、教书育人的能力;同时具有本行业技术系列中级以上职称,具有较强的专业素质、职业技能和实践能力。对此,教育部明确规定,高职院校的"双师型"教师应逐步达到专业教师及专业基础课教师总数的70%以上。

(二)对高职师资个体素质的要求

高素质双师型高职师资队伍建设对个体素质的要求包括六个方面。

1. 具有强烈的事业心和责任感

高职教师应具有执着的敬业精神,具有高尚的道德和人格魅力,以自己远大的理想、宽阔的胸怀、高尚的品德、渊博的学识和精湛的教学技艺教育和培养学生,以身作则,为人师表,成为人类灵魂的工程师,成为学生增长知识和思想进步的指导师,强化学生的责任意识的训练师,加强学生理想信念教育的雕刻师,加强学生心理健康成长的保护师。

2. 具有现代教育理念和教育方法

培养实用型人才,对高职教师来说,就是要冲破传统的"学科型"人才培养观念,建立以"能力为中心"的新的人才培养理念,培养学生的工程实践能力、动手能力及解决实际问题的能力等。同时,还要树立"以人为本"的理念,以学生为中心,充分体现"一切为了学生,为了一切学生,为了学生的一切"的服务观念。在教学方法上,要冲破传统的依靠一张嘴、一支粉笔、一块黑板的"填鸭式"教学模式,克服教学过程中教师只充当定型知识的传声筒、既定思

想及内容的供应商、照章行事而毫无创见的盲从者;要克服灌输式的教学方法,提倡少讲多悟的启发式教学方法;要鼓励学生提出新观点、新思路,寻求多选择的解决问题的方式,形成开放式的思维态势,使思维具有深刻性、广泛性和全面性。

3．具有探索和创新的能力

高职院校教师应当成为教学目的的实现者、教学活动的组织者、教学方法的探索者和教学活动的创新者。高职教师只有具备了这些能力,才能培养出高素质的实用型人才,才能使他们在生产、建设、管理、服务第一线成为生产技术的管理者、技术标准的执行者、技术措施的处理者以及技术革新的推行者和创造者;只有具备了一定的创新能力,才能教会学生如何去创新、如何去组织、如何去管理,也才能不断提高学生的创新能力和创造性思维。

4．具有较强的实践技术服务能力

高职教师必须既具有广博的专业基础理论知识,又具有丰富的实践经验;既是学生理论课的教师,又是学生实践课的师傅;同时还要具有足够的实践技能,手把手地帮助学生解决实际问题。

5．具有较强的组织和管理能力

高职教师必须具有较强的组织和管理能力。高职教师应既是理论课的施教者、实验实训课的指导者、产学研结合的开发者,又是学校管理的参与者,只有这样才能培养出适应社会需要的实用型、技能型人才。

6．具有运用现代化教学手段的能力

高职教师必须具有运用现代化教学手段的能力。科学技术的进步,信息高速公路的出现,为广大教师的教学提供了多元化的教学手段。采用计算机多媒体等设备辅助教学,能大大提高课堂理论教学和实验实践教学的效果。

三、高素质"双师型"师资队伍建设需要培养举措的创新

高职院校要想建设一支适应实用型、技能型人才培养的高素质"双师型"师资队伍,必须要创新培养模式,努力建设开放性的高职师资的培训体系,采取切实措施,加速建设高素质的师资队伍。在队伍建设中应采取多方面的对策与措施。

(一)坚持师资建设的长期规划与短期培训相结合

师资建设要有5~10年的长期规划。师资规划要根据学校的总体定位、专业设置、办学规模、人才培养规格及办学特点等方面,合理制定师资队伍建设的5~10年长期规划,从而使师资队伍在数量、学历、职称、知识及能力等方面的结构与学校事业的发展相适应。同时,要根据师资建设的长期规划和学校师资队伍的现状,提出每年分项的培训计划,以使师资建设规划得到切实落实。

(二)坚持校内培训与校外培训相结合

高职院校要充分利用校内实训基地和课堂教学等条件,抓好教师的校内在职培训,并要

做到"五个结合":一是师资培训要与校内教育技术的改善结合起来,注重学校教育基地和教学设施的建设;二是师资培训要与更新教学内容、教材改革及课堂教学改革结合起来,创出高职教育特色;三是师资培训要与校内督导评价结合起来,巩固高职教育特色;四是师资培训要与教学、科研工作结合起来,增强培训的实效性;五是师资培训要与人才资源库的建设结合起来,构筑"双师型"教师任用、培训和引进的平台。

在校内培训解决不了的情况下,可积极开展校外培训。可以选送一些青年教师到国内重点大学进修基础理论知识,充分利用这些优秀高校的先进设备和优秀教师,提高高职院校青年教师的业务知识水平。

(三)坚持学历教育与继续教育相结合

高职院校应鼓励青年教师在职攻读研究生学位,提高师资队伍的学历层次,同时注意抓好教师的知识更新培训,加强教师计算机技术及应用能力的培训和外语培训,提高他们的语言应用能力。

(四)坚持理论知识培训与实践能力培训相结合

在对青年教师的培训中,首先要帮助他们过好教学关,使青年教师熟练掌握专业课程的理论知识。学校要建立健全青年教师从事助教的工作制度,充分发挥老教师对青年教师的"传帮带"作用。在加强理论知识培训的同时,还要加强实践能力的培养,有针对性地选送教师到国家和各省确定的高职教育实践培训基地去进修。

(五)坚持全面提高与骨干培训相结合

师资队伍建设中要全面提高广大青年教师的业务素质、教学水平和教学业务能力,加强对教师的普通话、计算机和外语培训,提高教师的业务素养,鼓励和组织动员广大青年教师参加教育技术的培训,提高他们运用现代教育技术的能力。在普遍提高教师业务素质的同时,还要重视骨干教师和专业带头人的培养。高职教育的专业建设是学校的重要基础建设,而专业建设需要有一批德才兼备、学术和技术水平双优并有一定组织管理能力的专业带头人。一个好的骨干教师和专业带头人可以凝聚一支教学科研队伍,培养和带动一支素质较高的师资团队。

(六)坚持提高教师的教学水平与科研能力相结合

对于从事高职教育的教师来说,教学水平、教学能力的高低是其能否承担并完成教学任务的决定性因素。因此,青年教师要承担教学任务,就必须通过各种方法、各种渠道、各种手段学习进修,努力提高自己的教学水平和教学能力。高职院校教师除了要有较高的教学水平外,还要不断地提高自己的科研水平。教师不仅要教好书,还要成为科学研究的参与者、组织者、设计者和创新者。高职教师要积极参与教学研究,积极从事自然科学、社会科学的创新研究。

(七)坚持提高教师的政治人文素质与强化教师的"双师素质"相结合

高职教师应当加强自身的师德修养。应当把教书育人、为人师表作为从事教育工作的基本道德准则。德高为师,身正为范,没有德高望重的教师就培养不出品学兼优的学生,因此,加强教师的师德建设尤为重要。学校要长期把"学规范、强师德、铸师魂"当作师资建设的灵魂,进一步明确教师的职责,培养教师的敬业精神,增强教师的责任意识,强化教师的育人观念,使教师能够以完善的人格力量来影响和教育学生。同时,还要加强高职教师人文精神的教育。人文素质是教师的必备素质,它对人的价值观、思维方式、情感动力、灵感与顿悟方面有深远的影响。必须培养教师树立以弘扬爱国主义精神为主要内容的民族精神、以集体主义为核心的价值观和道德观、以社会主义为核心的社会公德与法制观念、以马克思主义哲学为主要内容的世界观与方法论,培养以陶冶情操为主要目的的文学、艺术修养,从而使他们成为真正和谐发展的人。

高职教师不仅要有较高的政治人文素质,还应具备较高的"双师素质"。"双师型"教师队伍是高职院校师资队伍建设的目标和特色,是提高教育质量、办出高职特色的关键,也是培养高素质技能型人才的根本保证。加强"双师型"师资队伍建设可以有以下几个途径:

一是加强对现有高职教师的培训。学校可以有计划地组织专业课教师深入生产一线进行业务实践,参加企业的科研研究。同时可以选派骨干教师到相关企业挂职,使他们边实践边学习掌握新的技术和管理规范,提高自己的实践能力,把行业和技术领域中的最新成果不断引入课堂。

二是走产学研结合的路子,培养和造就"双师型"师资队伍。学校要加强与行业、企业及科研院所的联系,建立产学研基地,让教师积极参与技术攻关和产品研发,有条件的院校也可以利用本校技术力量开展科技服务或兴办校办产业。在产学研结合的过程中,提高教师的专业水平,培养教师的创新能力和技术应用能力。

三是招聘具有"双师素质"的专业技术人员和管理人员担任兼职教师或客座教授,以利于促进高职教育的教学改革,加强实践性教学环节。

四是突破现行人事管理制度的制约,引进一些企业的技术人才到教学岗位上,加速"双师型"师资队伍的建设。

五是在高职院校的专业课教师中实行访问工程师进修制度。让教师深入到专业对口的行业或企业一线,以挂职、合作研发等多种形式,系统掌握整个业务技术流程,强化实践技能。

六是积极鼓励专任教师参加技能培训,并给予相应奖励。对新引进的青年教师,要求他们在一定时间内取得中级以上技能等级证书及相关国际、国内行业认证的系列证书。

(八)坚持国内培训与国际培训相结合

高职教师的培训工作应坚持以国内培训为主。青年教师基础理论知识的培训、继续教育的培训、实践能力的培训等方面应坚持以国内培训为主,可派教师到国内知名高校及教育部确定的实践实训基地去接受培训;少数骨干教师或专业学科带头人,可以选送到国外相关院校学习进修,了解相关专业国际前沿的发展动向,进一步促进专业建设。

第四章

高职教育文化建设的创新发展路径探索

第一节　高职教育文化发展的基点

一、高职教育文化发展的本质：文化育人

从"文化"一词来源来看，它是由"人文化成"一词简化而来，是指对人施以文治教化，是把新生的本来不懂事理之人培养成为有教养、明道理的人的过程，它是与人的内在教养、德性、品行等联系在一起的。作为文化活动的教育，首先是传承文化知识，教育是人与文化的中介，在教育中"以文化人"；其次是向社会传播文化，满足社会需求；最后，在"人的文化"中实现文化知识的创新。三者都是教育的文化功能，其中文化育人是第一位的。无论是什么样类型的高职教育，其文化实质都是一样的，目的都是为了人的发展，不同形式的高职教育是人们对自身发展方式选择的不同，都是为了实现人的全面发展，实现个体发展与社会发展的和谐。发展高职教育文化就是彰显高职文化的育人特性，实现高职文化"化人"的基本功能。

高职教育是一种以培养适应生产、建设、管理、服务第一线需要的高技能专门人才为目标的高职教育类型。因此，高职教育文化发展本质——文化育人，必然要体现在高职教育"高职性"与"职业性"两个属性上。

高职教育的"高职性"，要求培养出的人不仅要"成才"，而且要"成人"。这个"高职性"使其具有高等教育的特性，它传授更高深的专业知识和具有更专业、更高深知识的教师，是职业教育知识传播与创新的策源地，在某个地区或者行业中发挥着引领、示范、辐射的作用。作为高职教育，其内容和形式与传统文化有着继承和发扬的关系，其发展伴随着文化的积累和传承。与中等教育不同，高职教育所强调的是执着的人类价值追求、坚定的理想信念、崇高的历史使命。同时高职教育培养的专业人才不仅要成才，而且要成人。高职教育提供的不仅仅是知识与技能，更多是文化的滋养，通过文化来"化人"。从人才培养的视角看，高职教育的育人过程实质就是文化育人，是使人实现从拥有技术到具备能力的转变、从获取知识到养成文化的转变。文化是一种精神富有，高职教育培养出的人才要具有开阔的文化视野，深厚的文化素养，要有大智慧。学生如果只有技能，没有文化底蕴，最多只能算匠人。

高职教育的"职业性"，要求培养的人才不仅要有职业能力，而且要具有职业素养。职业能力获得与职业素养的养成是人的"人化"和文化"化人"的过程。因此职业不仅仅指工作的种类，还包括为了维持生命存在和提升生命质量，基于个体经验与社会需要的平衡，而定向于特定工作的生存状态。这一概念意味着：职业的目的不仅仅是获得生活的来源，而且着眼于生命质量的提升；职业作为个体的定向于特定工作的一种生存状态，不仅体现在工作行为上，而且体现在个体内在的相关心理品质，如职业动机、职业态度、职业品质、职业能力、职业

发展、职业适应等。对高职教育而言,其职业性主要是指为学生毕业后的生活、求职、工作、创业做准备。这就要求学生具备从事某个岗位的能力,而且要具有一定的职业素养,如职业动机、职业态度、职业品质等。因此,职业性体现出需要更多的职业文化素质的教育。

二、高职教育文化发展的内涵：文化形态

高职教育文化内涵必须依托一定的载体表达出来。因此,高职教育文化通过高职院校这个载体进行高职校本文化的实践探索,这实际上是高职院校文化与职业文化、企业文化、社会文化、传统文化的融合过程,同时也是从办学理念、人才培养目标、培养过程到学校总体发展战略等在理论与实践等诸多复杂的多元建构过程,最终使高职教育文化内涵进一步丰富与升华,形成具有高职教育特色的精神文化、制度文化、物质文化的文化形态。

（一）高职教育文化发展的基础：共同价值观

文化本质上是一种价值观,而人是一种精神存在,其一切行为都受到其信奉的价值、观念影响。高职教育文化是一个能够对所有具体的工作有导向作用的,能够改变每个人的生活、工作的完整的价值体系。在高职教育领域急需形成一种对高职教育的共同的信仰,激励和感召全体为高职教育发展的高职人为之奋斗。因此,在社会上要运用多种手段和形式广泛、深入宣传职业教育的价值,让群众实实在在看到高职教育在改善生活、提高生命质量中的作用。在高职教育领域,高职教育价值观要内化到领导、教师、学生身上具有普遍性意义的行为、气质和观念等方面,使之在潜意识之中深深打上"高职文化烙印"的文化。

（二）高职教育文化发展的保障：制度文化

制度是高职教育文化生成的基础和保障。职业教育制度文化包括与职业教育相关的法律法规、学校管理体制、组织机构及其运行机制。制度文化介于深层的精神文化和具体的实体之间,与精神文化互为表里；精神文化产生于制度之中,制度蕴含、滋养着精神。与高职教育相匹配的办学理念、教育思想、人才培养目标等校园精神文化没能尽早培植起来,高职院校的制度建设便也形不成自己的特色。

（三）高职教育文化发展的载体：物质文化

物质文化是高职文化建设的基础载体。它作为一种物质的客观存在,为人们的感观所直接触及,具有直观形象的特点。物质文化要突出高职的"职业性"特点。

因此,高职院校在建设校园物质文化时,应处处突出"职"的特点。高职学生的核心竞争力主要体现在实践水平和动手能力上,因此,实践型教学环节的设施建设应该始终摆在首要和突出的位置。高职院校不一定有雄伟气派的教学楼、体育馆,但必须有科学先进的实验楼、实训楼；不一定有一流的专业,但必须有一流的专业实验实训室。高职院校应尽可能将教学环境设计为教学工厂模式,建立理论与实践一体化教学的专业教室,融教室、实训、实验、考工、技术服务与生产为一体,使专业教室具有多媒体教学、实物展示、演练实训、实验、考工强化训练和考工等多种功能,营造出良好的职业氛围和环境。

三、高职教育文化发展的路向:文化展望

(一)"高职教育文化"与"高职院校文化"的双向建构

高职院校是高职教育的个体,高职教育文化的发展需要一个个高职院校实践探索,进而积累高职文化滋养;高职院校文化实践需要高职教育文化指明方向。高职教育文化的生成是与高职院校的校园文化双向建构的过程,体现了个性与共性的统一。

高职院校文化建设要全方位构建育人文化场景。高职院校文化建设首先必须走出狭隘的、表面化的校园文化建设的误区,要使高职文化因子渗透到高职教育的所有专业和所有层面,使院校的课上课下、校园的一草一木、每一建筑、每一景观、每一活动、每一机制、教师的一言一行都渗透着浓厚的高职所特有的文化气息。高职教育文化的建构需要高职院校实践探索素材,汲取文化营养,生成高职教育文化共性,进而推动高职院校文化实际。

(二)高职文化构建的基本原则

1. 人性与职业性

高职教育文化应体现以人为本,提升人的职业能力和素质,促进人生幸福和社会发展。目前我国的高职教育培养的人才应该强调培养有利于社会和谐和进步的新型劳动者和理性公民以及具有宽阔视野和责任感、同情心,掌握新型知识技能、富有创造性和理性精神的劳动者和公民。

"职业性"是高职教育区别于普通高等教育的核心因素,它有别于普通教育的文化的特质,是其得以发展的个性体现。因此高职校园文化的开展要牢牢把握职业的向度,坚持以市场为导向、以学生为中心、以能力为本位的理念,坚持手脑并用、做学合一,适应学校理想追求和社会现实之间的抗争和协调,突出操作性、应用性的专业技能和实践技能,加强与社会文化、企业文化的沟通与融合,对学生进行职业培养。使学生走上社会后不仅能"谋生",更能发展、创新;不仅能适应一线的基本操作,又能兼容、创新、可持续发展;不仅能"动手",更能"用脑",从而真正实现高职业教育"高技能"的人才目标,达到职业教育目的。

2. 借鉴与创新性

高职教育从办学层次属高等教育,但其类型特征属职业教育,因此与普通高等教育和中等职业教育均有相通之处。因此,高职教育文化应在传承固有文化基础上,及时汲取普通高等教育和中等职业教育文化营养。同时,也要放开眼界,吸取职业文化、企业文化、社会文化等先进文化成分。当然,高职教育绝不是它们的依附与复制品,它有传承社会文化的职能,更有自己独特使命和主体性,高职教育文化贵在创新,否则高职教育就没有生命力和发展前途。

3. 区域性与行业性

高职教育与地方、行业关系紧密,具有鲜明的区域性与行业性。高职教育文化应结合区域或行业的特点,注重挖掘地方文化积淀,利用地方的人文精神感染学生,形成高职院校独有的文化特色。

高职教育文化发展是一种内涵发展,是一种动态可持续的发展,更是一种特色发展。高职教育文化发展要从朦胧状态走向自觉探求,在办学理念、人才培养模式、专业建设、课堂教学、学生实训、管理制度等方面进行文化重构,真正生成富有中国特色的高职教育文化体系。

第二节　文化自信背景下高职院校文化创新发展

一、文化自信与高职院校文化的关系

坚定中华民族文化自信,就要全面了解、深刻认识五千年来中华民族的发展道路和文化内涵,对中华优秀传统文化进行深入研究和系统总结;就要大力弘扬中华优秀传统文化,不断增强传统文化的影响力和感召力。推动中国文化走向创新,就是要不断推动中国文化走向创造性转化与创造性发展。立足文化自信、推动文化创新的根本目的在于,为中国和世界贡献中国智慧,提出中国方案。高职教育作为高等教育和职业教育的融合体,在促进区域经济社会和产业发展中具有重要作用。高职教育的办学模式和特点决定了高职院校文化在具备一般文化特征的基础上,还具有职业特色、行业特色、企业特色和区域特色等特性。

(一)文化自信是新时代高职院校创新发展的驱动力

文化自信作为一种理性的精神品质,对新时代高职教育创新发展意义重大。我国高职院校经过二十多年的发展,由小到大、由大到强,逐渐成为我国高职教育的半壁江山,成为支撑经济社会和产业发展不可或缺的重要力量。新时代背景下,高职院校要进一步坚定文化自信,突出高职院校文化特色,大力加强文化育人功能的发挥,以文化引领高职教育应用技术技能型人才培养。特别是高职院校要努力培育自己的核心文化和特色文化,使文化自信成为高职院校创新发展的驱动力。

(二)文化自信是新时代高职院校创新发展的精神源泉

"大学精神"是大学自身存在和发展过程中形成的具有独特气质的精神文明成果,是科学精神的时代标志和具体凝聚,也是整个人类社会文明的高级形式。"大学精神"的本质特征可以概括为创造精神、批判精神和社会关怀精神等。新时代背景下,随着经济社会的发展,高职院校面临知识经济的机遇、挑战和考验。建设高职院校"大学精神",不仅是新时代背景下高职院校健康可持续发展的需要,也是人类社会文明进步的需要。高职院校在快速发展进程中,要进一步坚定文化自信,发扬创造精神和"工匠精神",凝聚和形成自身独特的文化品格,紧紧围绕高素质、应用技术技能型人才培养的根本目标,坚持以发展为第一要务、人才为第一资源、创新为第一动力,培育特色鲜明的高职院校文化,以高度的文化自信和文化自觉为高职院校创新发展提供源源不断的精神动力。

(三)新时代高职院校文化发展的理念创新

高职院校文化是高职院校在办学实践过程中积淀并形成共识的一种价值体系,包括价值观念、办学思想、行为规范等,主要表现为物质文化、精神文化、制度文化等层面,具有与传

统综合型、学术型、研究型大学文化相区别且个性鲜明的特质。一般而言,高职院校文化在理解上有广义和狭义之分。广义的高职院校文化是指具有高职教育精神特质的文化类型;狭义的高职院校文化是指高职院校的学校文化,也就是通常所说的高职文化。新时代背景下,高职院校要实现转型发展,就必须坚定文化自信和文化自觉,而理念先导是必经之道,这就需要高职院校文化进行理念创新。

二、文化自信背景下高职院校文化创新发展体系的构建

（一）端正对文化的认识,树立高职文化自信

近年来,我国高职教育经历了从规模扩张到内涵发展的历程,在学习国外先进职业教育办学经验的基础上,逐渐摸索出一套相对完善的人才培养模式,高职院校文化正在形成。

高职院校文化是学校的核心和灵魂,师生和社会各界要端正对高职院校文化的认识,塑造重视文化、凝聚文化、爱护文化、传承文化的浓厚氛围,增强高职文化自信,以习近平新时代中国特色社会主义思想为指导,树立充满朝气和活力、富有高职特色的文化品牌,以文化引领高职教育改革和发展。努力营造改革创新、干事创业、充满行业和职业特色的文化氛围,充分认识高职教育对区域经济社会和产业发展做出的贡献,增强高职教育的自豪感和成就感,坚定高职文化自信,以改革创新的精神、崭新的姿态和奋发有为的工作作风推动高职教育事业健康可持续发展。

（二）充分尊重文化,增强高职文化自觉

高职文化自觉是高职院校师生对文化的觉悟、觉醒。高职院校师生要高度重视文化在院校改革发展和人才培养中的作用,树立核心文化意识,尊重文化,维护文化尊严,增强文化自觉,积极推进文化传承与创新。高职院校要实现内涵发展和可持续发展,就应充分认识文化自觉的重要意义,积极加强院校与行业之间、院校与企业之间、院校与院校之间、院校与政府之间的文化交流与融合。高职院校要探索特色文化发展道路,打破传统思维模式,构建特色鲜明的物质文化、精神文化、制度文化、行业文化和行为文化,以高度的文化自觉推动学校创新发展,不断增强综合竞争力,不断提高服务区域经济社会和产业发展的能力。

（三）突出高职特色,塑造行业企业文化

完善职业教育和培训体系,深化产教融合、校企合作。深化产教融合,促进教育链、人才链与产业链、创新链有机衔接。深化产教融合的主要目标是逐步提高行业企业参与办学程度,健全多元化办学体制,全面推行校企协同育人。行业是建设我国现代职业教育体系的重要力量,强化行业指导是职业教育提升服务能力的重要保证。鼓励行业企业全面参与教育教学各个环节,实现专业与产业、企业、岗位对接。

高职教育的职业教育属性,决定了高职院校文化必须与行业企业文化对接和融合。高职院校要吸收行业企业优秀文化元素,培育行业企业文化鲜明、大学精神彰显的院校文化。

一是坚持教学过程与生产过程对接、专业课程内容与职业标准对接。将行业职业道德、行为规范、价值追求等纳入人才培养体系,融入课堂教学,塑造行业文化氛围,培养学生良好

的行业文化底蕴。

二是主动吸纳行业企业文化精髓。校园文化活动渗透行业企业先进文化理念，为学生提升职业道德、规范行业行为创造环境。院校加大与一流行业企业合作，将行业企业先进文化引进校园，强化行业企业文化建设和"工匠精神"培养。从理论教学、实习实训、顶岗实习和企业实践等各个维度，突出高职特色，构建行业企业文化建设体系，营造浓厚的行业企业文化氛围。充分发挥文化育人作用，促使学生在行业企业文化氛围中学习成长，收获感悟，增强以文化人、"润物细无声"的效果。

（四）积极加强高职专业文化建设

专业文化作为高职院校文化创新发展体系的重要内容，是专业建设和课程改革的核心和灵魂，在培养学生职业能力和职业素养、促进高职院校内涵发展上具有特殊的作用。新时代背景下，加强高职专业文化建设，要进一步深化产教融合、校企合作理念，建设与产业文化对接的专业文化，克服教育与产业"两张皮"现象，促进专业建设与产业转型升级相匹配，建立紧密对接产业链、创新链的专业体系。要着力加快建设实体经济、科技创新、现代金融、人力资源协同发展的产业体系。高职院校要突出特色和优势，大力发展智能制造、高端装备、新一代信息技术、新能源、新材料以及数字创意、电子商务等产业紧缺学科专业，为区域经济社会和产业发展提供人才支撑和智力支持。

充分发挥课堂教学主渠道作用，培育与产业文化融通的专业文化，深化产教融合、校企合作。加强高职专业文化建设，一是适应产业转型升级需要，优化和调整专业布局，使高职专业设置与产业转型相匹配。二是改革专业人才培养方案，行业企业深度参与专业建设，共同制定专业人才培养标准。三是改革课程标准。根据新时代新常态下经济社会发展和产业转型升级需要，优化和调整课程设置，加大课程开发力度，创新课程教学内容，使高职课程内容与岗位需求对接、课程标准与职业标准对接、课程考核与职业资格对接。四是改革教学方法和手段，加强实习实训基地建设，推进理实融合，提升教育教学效果。五是加强职业文化建设，将职业文化、行业企业文化等融入教育教学全过程，提升学生职业认知、职业素养和文化底蕴。

（五）构建以社会主义核心价值观为指导的高职精神文化

坚持社会主义核心价值体系，坚持马克思主义，牢固树立共产主义远大理想和中国特色社会主义共同理想，培育和践行社会主义核心价值观。新时代背景下，高职院校要加强培育和践行社会主义核心价值观，进一步坚定理想信念。

高职院校要注重创新思想理论载体，落实党委主体责任，深化意识形态工作责任制，通过形式多样、富有成效的思想政治工作，帮助学生树立坚定正确的政治思想方向，增强爱国主义情怀；注重创新学习和宣传载体，通过构建党委理论中心组学习、"思政第一课"文化素质大讲堂等长效机制，不断完善教育学习平台，促进学习制度化、常态化，使社会主义核心价值观深入人心。

同时，高职院校要紧密结合高职教育特色和使命，提升师生文化素养，培育文明和谐的高职风尚;加强高职院校文化内涵建设,塑造特色鲜明的高职院校文化气质;坚持正确的舆论导向,营造健康、和谐的校园文化环境;紧紧围绕"后示范"时期高职院校可持续发展,凝聚与时俱进的高职院校特色文化;培育和宣传优秀人物和先进典型,树立学习标杆,建设高职精神文化。总之,努力把高职院校建成城市文化的风向标,助推新时代背景下城市文化创新发展,使高职院校文化创新发展与城市文化创新发展融合对接、相得益彰。

(六)以学生为中心,实施立德树人工程与师德师风工程

坚持把立德树人作为根本任务,坚持社会主义办学方向,坚持以人民为中心发展教育,坚持深化教育改革创新,坚持把教师队伍建设作为基础工作。培养什么人,是教育的首要问题,要努力构建德、智、体、美等全面培养的教育体系。要把立德树人融入思想道德教育、文化知识教育、社会实践教育各个环节,教师要围绕这个目标来教,学生要围绕这个目标来学。人民教师无上光荣,每个教师都要珍惜这份光荣,珍惜这份职业,严格要求自己,不断完善自己。

新时代背景下,高职院校要大力实施立德树人工程和师德师风工程,构建全员、全过程育人机制。一是重视教师思想道德建设。引导教师增强教书育人的责任感和使命感,以德立身、以德立学、以德施教,做品德高尚、爱岗敬业的好教师。二是注重教师职业能力提升。以教师发展中心等为载体,构建教师学习培训体系,不断提升教师"传道、授业、解惑"的能力。三是坚持以教师为主体、以学生为中心的教育理念,培育良师益友的文化氛围。四是构建全过程育人体系,将立德树人贯穿到教育教学的各环节、全过程。五是构建实践育人平台。将立德树人覆盖到学生社团、社会实践、科技创新等"第二课堂",将德育渗透到校园文化活动,使学生在潜移默化中接受思想教育和价值观熏陶。六是营造全方位育人文化。将立德树人和师德师风建设融入院校文化建设各环节,打造全方位育人的校园文化环境。

(七)完善相关体制机制,建设高职院校制度文化

高职院校制度文化是维系学校各组织、单位和机构正常运转的保障机制,是处理院校人际关系、规范师生言行的基本规范和行为准则,对高职院校健康、有序、规范发展至关重要。制度是高职院校内部治理的关键,而文化则是优化内部治理的灵魂,二者相辅相成,互为补充。在高职院校由规模扩张向内涵发展的全面转型中,制度文化建设意义重大。高职院校要加强制度文化建设,以文化引领制度建设,完善现代治理体系,优化治理结构,提升治理能力。

加强高职院校制度文化建设,一是凝聚制度建设和文化塑造的核心价值观。坚持以人为本,营造尊重知识、尊重劳动、尊重人才的良好氛围。二是充分发挥高职教育特色和优势,吸收和融合产业、行业、企业优秀文化。三是完善以制度为核心的院校治理体系、深化"政校行企四方联动、产学研用立体推进"高职办学模式,制定学校章程,优化人财物等规章制度,完善教代会、工代会制度。四是以文化为引领,不断提升治理能力。师生要明确治理的价值取向和基本理念,认同和践行制度文化,增强主人翁精神。五是明确权责,对内、对外理顺各种制度之间的关系,构建畅通的制度体系和治理体系。六是强化民主决策、制度执行和有效

监督。

（八）全方位实施文化育人

新时代背景下，高职院校要创新文化建设载体，全方位实施文化育人，全面提升学生职业发展能力、核心竞争力和可持续发展能力。全方位实施文化育人，可以采取以下措施：

一是积极构建文化素质教育体系。通过文化素质大讲堂、人文精神课程等形式，结合时代特点和学生基础，卓有成效地开展文化素质教育，促使文化教育生活化。

二是将人文素质教育、创新创业教育和专业教育等有机融合，塑造全方位、全过程的文化育人环境，构建载体丰富、形式多样、特色鲜明、实效突出的高职院校文化育人体系。

三是创新党支部、团支部、社团等学生组织活动形式和内容，以学生成长为中心，积极开展主题鲜明的特色校园文化活动，为学生潜力挖掘、品质提升、全面发展搭建平台，为高职院校文化创新注入新鲜活力。

四是重视"工匠精神""志愿者精神"等的培养。理论与实践紧密结合，通过理论学习、实习实训、社会实践等多种形式的教育活动，提升学生精神品质。

五是充分发挥新媒体的作用，紧扣时代脉搏，开展主题文化建设活动，营造健康、和谐、特色、创新、高雅的高职院校文化。

第三节 供给侧改革视野下高职教育文化育人的范式转型

一、供给侧改革视野下高职教育传统文化育人范式的危机

近年来，大学生就业难问题一直是媒体和学界关注的焦点话题。究其深层原因，乃在于传统的高职教育育人结构与市场用人需求之间的矛盾长期存在。而要化解这一矛盾，应该而且必须从"供给侧"的维度出发，调整高职教育传统的育人方式和结构。高职教育的文化育人作为培养当代大学生理念信念的主阵地，应以供给侧改革为切入点，先行先试，充分发挥思想上层建筑的引领作用。问题的关键是，在中国经济新形态下，高职教育传统文化育人面临着深层次的合法化危机，因而，只有正视并解答这一现象，才能开启高职教育文化育人领域的供给侧改革之路。

（一）主客体之间的矛盾分析

高职教育传统文化育人的范式危机的症结之一乃在于主客体之间的矛盾无法得到有效的化解，即作为授课主体的教师和作为客体的大学生在文化育人"供给"和"需求"之间存在着明显断裂。

高职教育文化育人"主客体之间的矛盾"是导致其传统范式危机的主要表征，而要化解这一矛盾应该而且必须在主客体之间搭建有效沟通的桥梁，即从教师一言堂的"主体性"言说向师生互动的"主体间性"过渡。在供给侧改革的驱动下，高职教育传统文化育人应该及时转换话语模式，改变知识供给的方式，实现从"主体性"向"主体间性"过渡，拉近师生之间

的距离,从而实现理想信念教育的有效供给。

（二）启蒙与功利化之间的矛盾分析

启蒙与功利化的矛盾在一定程度上是导致高职教育传统文化育人范式危机的重要原因。从大学的担当看,其不仅肩负着为中国快速发展的经济提供高层次人才的智库功能,还应肩负起启蒙人的社会功能。从人之本性来看,每一个大学生都是有待成长的种子,都包含无限发展的空间。启蒙与功利化的博弈体现了高职教育传统文化育人中"供给"与"需求"之间深层的矛盾。解决这一矛盾,就要突破高职教育传统文化育人中的旧范式,实现知识和德育的双向供给。

（三）人的全面发展与物化之间的矛盾分析

人的全面发展与物化之间的矛盾是导致高职教育传统文化育人范式合法化危机的另一重要根源。培养人、塑造人并实现人的全面发展可谓文化育人的终极目的。挽救高职教育文化育人合法化危机在于以"供给侧改革"为导向,推进文化育人的结构性改革,从文化育人的源头,摆脱物化的束缚。

二、供给侧改革推动高职教育文化育人的范式转型

在"需求侧"驱动下,高职教育传统文化育人陷入了"人才供给"和"市场需求"的瓶颈,引起了合法化危机。因此,必须从高职教育文化育人供给的源头寻找应对之策,以供给侧改革为切入点推动高职教育文化育人的范式转型,转变话语表述方式,以学生为中心,启蒙人、塑造人,实现大学生全面发展之终极目的。

（一）从宏大叙事到微观叙事的转变

在自媒体时代,大学生无疑成为微语言话语传播最积极的推动者,微话语正在影响和改变他们的表述方式甚至是思维方式。作为文化育人者,如果对这种现象置若罔闻,仍然采取传统文化育人的话语表述方式,势必会和大学生产生断裂和隔阂。实际上,自媒体时代的到来,正在改变当代大学生获取知识的路径和方式。随着获取知识路径的多样化,教师的权威性正在消解:对传递确定的知识而言,教师并不比储存网络更有能力;对想象新的招数或新的语言游戏而言,教师也并不比跨学科集体更有力。

因此,微时代的到来,给高职教育传统文化育人的叙事风格带来了冲击,而要改变这一现状,应该而且必须从知识供给的源头寻找应对之道,以供给侧改革为切入点,从宏大叙事转向微观叙事,贴近大学生话语表述的风格,寻找与大学生对话的渠道。

在微时代,高职教育文化育人者要提高知识供给的有效性,应该深入到大学生的生活世界,以平等的姿态和他们展开对话交流。从宏大叙事向微观叙事的话语转向的关键是,文化育人是否敢于直面时代问题,进而紧跟时代潮流进行有效的话语转换。在供给侧改革的驱动下,转变高职教育传统文化育人话语的表述方式,以接地气的话语表述与大学生展开对话交流成为高职教育文化育人改革亟待解答的时代话题。

（二）从陈述叙事到问题叙事的转变

高职教育传统文化育人范式下的知识供给往往表征为一种陈述叙事，即以书本框架为基本逻辑，通过概念的解读、文本的分析阐述文化育人的知识体系。然而，令人不解和遗憾的是，这种传统的传道方式既没有走进大学生的内心深处，又没有真正意义上实现知识的有效传承。究其原因，在于陈述叙事本身出现了问题。陈述叙事是一种典型的照本宣科式的单向度的知识传播方式，其最大弊端在于它仅仅充当了教材的传声筒，而缺乏批判的意识。以供给侧改革为切入点，转变话语表述方式，以鲜活的问题导向取代游离于现实之外的话语符号，实现从陈述叙事向问题叙事的范式转型，无疑成为学界亟待解答的又一课题。

（三）从说教叙事到情感叙事的转变

如果把"存在感""幸福感"作为高职教育文化育人评价指标，或许最能直观地感受到教育的成效。可以说，当下大学生幸福指数的低态势已经成为社会和高职教育文化育人从业者必须解答的一个焦点话题。从供给侧改革的视野看，有必要而且必须改变高职教育传统文化育人范式中说教话语的范式，从"心"出发，走进大学生的情感深处，解答他们普遍关注的话题，实现从说教叙事到情感叙事的范式转换。

三、高职教育文化育人范式转型的重要意义

供给侧改革视野下高职教育传统文化育人范式面临合法化危机，不可避免地将发生范式转型，其潜在的意义主要有两方面：一是文化育人范式的转型将推动大学生寻找曾经被遗忘的自我，发现被遮蔽的价值和意义的世界，从而回归实现人的全面发展之终极目的；二是"全面人"的发展将为中国当下供给侧改革注入新鲜的血液和智力支持。

（一）从云端到地面——自我世界的回归

以供给侧改革为切入点，终结高职教育传统文化育人的宏大叙事、陈述叙事、说教叙事的话语表述范式，在一定程度上了实现了文化育人话语表述方式以一种接地气的方式走向自我世界。

在一定意义上，高职教育文化育人范式的转型实现了从单向度向双向度的回归，即一方面帮助大学生奠定扎实的理论功底，培养他们成为高素质的专业型人才，另一方面塑造他们健全人格和高尚的人文情怀。前者是物的尺度，后者是精神的尺度，两者在高职教育文化育人新范式中实现了有机统一。

（二）从观众到演员——问题意识下的能力依赖

供给侧改革视野下的高职教育文化育人话语范式转型的另一意义体现在，实现大学生角色扮演的转化，即从观众变成了演员。这一转变突破了高职教育文化育人中的"一言堂"的藩篱，使大学生从被动者变成了主动者。大学生以参与者的身份融入课堂，调动了他们批判的精神，唤醒了他们的精神世界，更重要的是使他们养成了"问题意识"，突破了"井底之蛙"的视野障碍，认识到自身的有限性，从而激发了他们从不足中寻找知识的渴望，在变动中构建能力依赖的理想。

高职教育文化育人范式转型下的能力依赖的重建,在一定意义上实现了双赢的效果,即一方面终结了主客体之间的矛盾,使课堂在真正意义上变成了大学生参与的课堂;另一方面,塑造了大学生的问题意识,实现了能力依赖下的"全面人"构建之目的。

(三)从他者到主体——意义世界的重塑

以供给侧改革助推下的传统高职教育文化育人范式的转型在一定程度上实现了从他者向主体的转向。人的解放绝对不仅仅是物质层面的解放,还有精神的解放,人的自由也绝不仅仅是物质层面的自由,还有精神层面的自由。

高职教育文化育人新范式的构建承担的一项重要使命乃是消解他者和主体的矛盾,解蔽被隐藏和正在消亡的精神世界,从而转向育人的意义世界。这种转向要求大学生既要敢于入世,又要摆脱物欲的尘埃,出淤泥而不染,以主体的视角审视和评判这个世界,构建属于自我的真正精神家园。从供给侧的视野,转换话语表达方式,重构人的全面发展的新范式。而这一范式转型,既有利于提高高职教育文化育人的供给效率,又可为当下中国的供给侧改革提供智力支持,实现双赢。

第四节 基于"大国工匠"精神培育的高职教育文化建设路径

高职教育全面对接行业企业与岗位的需求,不仅要体现在专业设置、教学模式、课程改革等方面,更要结合现代工业文明的传承、"大国工匠"精神的培育来加强高职教育文化建设。"大国工匠"精神以诚信、专注、严谨、求精、创新为核心内容,弘扬"大国工匠"精神,不仅是百年前黄炎培先生提出的"劳工神圣""双手万能""手脑并用"和"敬业乐群"职教思想的历史继承,更是通过培养数以万计的现代大国工匠实现"中国制造"强国梦的时代要求。

一、现代职业灵魂的集中体现——"大国工匠"精神

传统意义上的工匠一般是指具有专门手工技艺的劳动者,其技艺和制作的产品或应用于人们生产中减轻体力劳动,或供人们日常生活使用。

人类生产力和生产方式经过千百年的变革,传统意义上的工匠及其工作模式已渐行渐远,但对技艺精益求精、不断创新和"道技合一"的工匠精神,在赋予不同产业时代的内涵中积淀和升华,并推动了社会文明的进步。

关于工匠精神,各国的称谓不尽相同,究其共同之处,技能高超、技艺精湛固然是构成工匠精神不可或缺的物化部分,但其对工作的理念和态度、对职业的责任感和使命感更是形成工匠精神的核心要素。纵览发达国家强国之路,都离不开工匠精神的支撑。

当下经济发展模式巨变、产业结构转型升级,"中国制造2025"战略正在实施,"工匠精神"的缺失是制约实现"中国制造"强国的瓶颈,改变产品制造者的理念、铸造职业人"道技合

"一"的精神灵魂则是打破这个瓶颈最根本的途径。作为我国现代产业大军的人才培养基地的高职院校,开展以"大国工匠"精神培育为核心的高职教育文化建设势在必行、刻不容缓。

二、高职教育"大国工匠"精神的传播基础——工业文化

传播"大国工匠"精神,充分发挥文化的软实力作用,加强高职教育文化的构建和弘扬,高职教育的理念才会深入人心,才能实现匡扶高职教育的目标。所谓工业文化是指采集原料进行生产、制作,经历了手工业、机器大工业、现代工业各阶段的生产过程中,形成的器物文化、制度文化、行为文化和精神文化现象的总和。这里主要指的是制度文化、行为文化和精神文化,大致包括工业设计、工艺美术、生产流程、组织文化、管理文化、品质文化、企业精神等。

工业文化进校园就是要把工业化过程中职业分工、工种和工序之间耦合度及各制造业的关联性,以及企业的规章制度、质量意识、协作精神、团队意识、责任意识等内容传递给学生,保证学生对整个行业有通盘了解和全面认识,从而促使他们形成按程序操作、按规章制度办事的意识,同时,对自己所从事的工作、工序有一种获得感和自豪感。把高职教育与工业文化结合起来,将"大国工匠"精神所体现的诚信、专注、严谨、求精、创新等核心内容贯穿其中,全面系统地武装学生的头脑,培育他们的职业精神。

近年来,在各级政府的大力倡导下,在行业企业的参与和推动下,我国高职教育人才培养目标定位日趋清晰,传统的重理论轻实践的教学模式已有了较大的改观,各种"校中厂""厂中校"实验实训基地、产教集团等纷纷建立,培养技术技能人才的硬件条件不断改善。历史名人的雕像、企业家、技能大师的事迹与照片,企业冠名的建筑、道路等物化形象也遍布校园,企业文化氛围逐渐浓厚。

综上所述,高职教育文化的建设必须以校企合作为载体,对接企业文化和工业文化。然而学校文化与企业文化的冲突制约了校企合作的深度,而校企合作的"一头热"现象更加大了两种文化的差距。因此,必须找到企业文化与学校文化的契合点,这就是"大国工匠"精神的培育。

"大国工匠"精神的核心内容主要在于以下五个方面:诚信、专注、严谨、求精、创新,显然这些精神对于产品质量的提高、企业的可持续发展来说是不可或缺的必要条件,作为实现未来"中国制造"强国生力军的技术技能人才,不仅需要高超的技术技艺,最根本的还是需要具有精益求精、爱岗敬业的"大国工匠"精神,德艺双馨的工匠才是企业真正想要的。高职教育文化建设在使学生实现技术技能和工业无缝接轨的同时,还要注重培养学生对现代工业环境的适应、对理念的认同和对氛围的融合。因此传承和弘扬"大国工匠"精神,是校企文化之桥,也是适应新形势下产业发展需求的高职教育文化建设的出发点和落脚点。

三、以"大国工匠"精神为核心的高职教育文化建设路径探索

"大国工匠"精神可以概括为以下五点:诚信、专注、严谨、求精、创新。

"诚信"即诚实诚恳、信用信任,是个体"内诚于心"和"外信于人"的道德品质。千百年来,诚信被中华民族乃至全人类视为最基本的行为规范和道德修养。

"专注"就是集中精力、全神贯注、专心致志。一个专注的人,往往能够把自己的时间、精力和智慧凝聚到所要干的事情上,从而最大限度地发挥积极性、主动性和创造性,努力实现自己的目标。

"严谨"是指个体的态度严肃谨慎,行为方式细致、周全、完善,追求完美。

"求精"是一种永不满足、永不懈怠的精神风貌,这种追求完美和谦逊的精神是一个民族屹立于世界之林的动力所在。

"创新"是一个民族进步的灵魂,是一个国家兴旺发达的不竭动力,科技创新越来越决定一个民族和国家的发展进程。

目前,我国正处于从"制造大国"迈向"制造强国"的转型时期,人才是关键,人才的素质是关键中的关键。因此,培养具有"大国工匠"精神的技术技能人才是高职教育义不容辞的责任,积极探索基于"大国工匠"精神培育的高职教育文化建设的实施路径具有重大的现实意义。

(一)开展高职院校学生"大国工匠"精神培育工程

高职教育课程的内容随着行业的发展、技术的更新必须得到及时修订,使课程内容能够随时反映职业技术、技能的发展变化,确保课程内容的实用性和前瞻性。这样,学生才能准确地掌握职业岗位所需要的知识,有效地形成契合职业岗位所需要的应用技能。随着技术更加先进、工艺更加精细、操作更加严格,课程及其教学更应注重"大国工匠"精神中专注、严谨、求精态度的培养。

首先,"大国工匠"精神培育要与公共通识教育深度耦合。一是新设一系列"大国工匠"精神主题教育课程;二是融入已有的伦理推理、审美道德、文化信仰等公共通识课程之中。通过独立的课程设置或教学板块来让学生从国家、社会和个人三个层面深刻理解诚信、专注、严谨、求精、创新等"大国工匠"精神对于中国制造、民族复兴的伟大意义,努力培育自身对"大国工匠"精神的理性认知、认同、自觉和自信,并以实际行动弘扬和发展工匠精神。课堂教学不是传统型的教师满堂灌、学生被动习得现成的结论、观念、思想,而是采用教师引导与师生批判性对话相结合的方式方法,依托具体案例或主题活动来启发学生自主建构"大国工匠"精神的内在维度和评判标准,自主实施价值判断和实践行动。其次,"大国工匠"精神培育可以依托现代学徒制教学模式、企业实训基地建设融入高职专业教育。企业一线的生产景观以及企业中那些诚实诚信、执着专注、科学严谨、精益求精、开拓创新的师傅们可以说是"大国工匠"精神最真实的表征和最完美的诠释。因此,在现代学徒制和企业实训教学模式中,教学情境被置换到企业一线的生产环境中,学生将亲身参与到技术成果转化以及商品的制造、加工、包装、运输、销售、售后服务、管理等流程,并深刻体验到诚信、专注、严谨、求精、创新等"大国工匠"精神对促进行业企业的可持续发展、丰富人们的物质和精神文化生活、推动科技及社会生产力不断进步所发挥的重要作用。同时,在与那些德技双馨的企业师傅朝夕相处、切磋学习中,在潜移默化的耳濡目染中,"大国工匠"精神将以一种"随风潜入夜,润物细无声"的方式内化为学生的深层认知结构,聚敛为他们自身的内涵品质。

最后,"大国工匠"精神培育要成为高职院校高年级就业创业教育的灵魂与核心。一是要引导学生自觉意识到诚信、专注、严谨、求精、创新等价值观是未来职场生活中的重要基础,从而帮助学生将"大国工匠"精神迁移到即将开启的职业创业生涯中。二是要将"大国工匠"精神价值观培养融入就业指导课程、顶岗实习、企业家讲座与对话等高年级课程中,进一步深化学生对"大国工匠"精神的理解和把握,并上升到以实际的行动来践行这种"大国工匠"精神的层面。

(二)开展高职院校教师"大国工匠"精神的培训工作

教师"大国工匠"精神培训是高职教育文化建设的第二个重要层面。教师的价值观念和个人形象对学生具有极为直接的影响力,高职教师工业文化的缺失直接影响了技术技能人才培养目标的实现。一个德技双馨、精益求精的教师,其本身就是对学生进行"大国工匠"精神教育最经典、最有效的"鲜活"的教材。所以高职院校要重视加强教师"大国工匠"精神的培训工作。

一方面,高职院校要通过多种途径提高教师"大国工匠"精神的整体素质。建立与地方政府、行业企业协同培育机制,鼓励成立校际教师"大国工匠"精神培训协作区,发挥企业技能大师工作室的辐射带动作用,努力建设一批德技双馨、业务精湛、结构合理、充满活力的"大国工匠"教师队伍。

另一方面,高职院校要鼓励教师参与到与培养学生"大国工匠"精神相关的课程建设和教学改革中去,支持教师合作开发相关课程,倡导跨学科合作,健全老中青教师传帮带和新老教师互帮互助机制,搭建课堂教学交流和教学培训平台,加强经验交流与培训。引导和鼓励教师自觉对学生的"大国工匠"精神培育承担责任,定期与学生交流,了解学生发展状态,对学生做出科学指引。

(三)营造高职院校"大国工匠"精神培育的校园文化氛围

大国工匠精神校园文化氛围的营造能够将诚信、专注、严谨、求精、创新等价值观念渗透到学生的日常学习和生活中去,从而对其产生一种"满化"作用,每一个学习和生活在该文化氛围中的学生会不自觉地认识到"大国工匠"精神对自己未来就业、成长和发展的重要价值,将执着专注、精益求精、追求完美、勇于创新的价值观念融入日常行动中去。

从古代手工业到近代工业,再到快速发展的现代产业,我国并不缺少具有"大国工匠"精神的典范人物和生动案例,结合发达国家"制造强国"之路,营造高职院校"大国工匠"精神校园文化氛围有着丰富的素材。首先,高职院校可以定期聘请优秀企业技能大师来校做系列报告,与学生分享他们的人生阅历和工作经验,并一起探讨"大国工匠"精神的时代特质和价值。其次,高职院校可以开展"大国工匠"精神主题的高雅艺术进校园活动,通过艺术媒介来表征和传达"大国工匠"精神。再次,高职院校可以通过校园景观、橱窗、公告栏等文化信息载体来传播"大国工匠"精神。最后,高职院校可以通过支持和鼓励师生自主组织"大国工匠"精神主题的系列文化展演活动,使他们在亲自筹划、表演的实践活动中深化对"大国工匠"精神的理解和感悟。

(四)制定"大国工匠"精神教育成效的评价标准

"大国工匠"精神要成为学生学业成果评价、教师能力资质评价、高职院校育人质量评价的重要内容和指标。国家和地方政府相关部门、行业企业、高职院校等组织机构要协同合作,共同对大国工匠精神的内涵外延进行深度解析,制定切实可操作的维度指标量化标准,以此来保障"大国工匠"精神在人才培养、师资培训、校园文化建设等层面的落实到位和实施质量。其中,以内化工业文化推进院校教学质量管理制度的创新就是一条重要途径,以现代产业、先进技术、高质量产品日趋严格精细的标准和规范逐步对接教育教学评价体系,以作品化、产品化的标准替代传统的考核要求,将"大国工匠"精神的培育贯穿高职教育的每个环节。

特别值得一提的是,随着高职教育教学评价模式的多样化,杜绝和严惩作弊行为,确保考核公平的原则绝不可丢失,因为诚实守信是"大国工匠"精神的重要体现。对此,在国家层面要完善职业资格证书体系,将职业院校的考核评价逐步规范到证书的获得,出台一系列相关的法规,对接个人诚信档案,关联职业准入,以制度的刚性保证职业能力评价的含金量和职业素质的基本底线,逐步养成诚实守信的良好习惯,使"大国工匠"精神的培育落到实处。

经济增长方式的转变,现代产业体系的构建,文化是先导、家园和归宿。如今,倡导"大国工匠"精神,并以此为核心内容,以工业文化为主线融入高职教育文化,将"道"与"技"的教育紧密结合起来,必定能使高职教育的内涵建设得到质的提升,相信在不久的将来,一批又一批高职学生将成长为技能高超、技术娴熟,同时又具备诚信、专注、严谨、求精、创新精神的"大国工匠",成为实现"中国制造"强国之梦的脊梁。

第五章

中国高职教育国际化发展

第一节　中国高职教育国际化概述

一、高职教育的孕育与国际化的开端

随着科学技术迅猛发展,高新技术不断进入生产领域和工作现场,一方面产生了一大批新的技术岗位;另一方面技术岗位的智能成分日益提升,因而社会对它本身所需求的人才结构不断提出了新的要求,并由此催生了对教育结构新的要求。在这样的背景下,世界上许多国家积极回应这一需求,在发展中等职业技术教育的基础上,通过不同途径和多种形式,发展了中学后的职业技术教育,即高职技术教育。这种教育输出与以往高职教育国际化主要考虑学术和教育因素不同,是以追求经济效益为首要目标。接收留学生和境外办学是高职教育国际贸易的主要方式。随着亚洲经济的崛起和对外开放程度的扩大,亚洲成为这些发达国家开拓高职教育国际市场的重要目标。于是,我国的高职教育走上了以向发达国家派遣留学生和引进课程为主的国际化道路。在我国高职教育建立的初期,高职技术教育在中国还是一个崭新的教育类型,无论是学校定位、人才培养目标、人才培养模式,还是教育理念、专业设置、课程开发、教学方法等,国内都没有现成的经验可以传承。于是,中国政府将目光投向国外,尤其是那些发达的工业化国家。在这样的背景下,中国政府在高职教育国际化的进程中起到了主导作用。

二、高职教育国际化的内涵、特征、要素和观点

(一)高职教育国际化的内涵和基本特征

研究高职教育国际化,一个不容回避的问题就是如何认识高职教育国际化,即高职教育国际化的内涵。众多的研究者从不同的角度界定过高职教育国际化的内涵,但是统一的观点至今仍未形成。当前,高职教育国际化的含义主要有三种观点:第一种观点是把高职教育国际化看作是一个发展的趋势与过程,认为高职教育的国际化就是把国际的意识与高职院校的教学、科研和社会服务的职能相结合的过程。第二种观点倾向于把高职教育国际化等同于高职教育的国际交流与合作活动,包括课程的国际内容、与培训和研究有关的学者与学生的国际流动、国际技术援助和合作计划。第三种观点强调形成国际化的精神气质和氛围,国际教育与教育的国际化是同义语,包括全球的意识、超越本土的发展方向及发展范围,并内化为学校的精神气质和氛围。

联合国教科文组织所属的国际大学联合会对高职教育国际化给予了以下定义:高职教育国际化是跨国界和跨文化的观点和氛围与大学的教学、科研和社会服务等主要功能相结合的过程,这是个包罗万象的变化过程,既有学校内部的变化,又有学校外部的变化;既有自

下而上的,又有自上而下的;还有学校自身的政策导向变化。

综上所述,高职教育国际化是指要面向世界、面向未来,要以具体多样的高职教育交流与合作为载体,吸收和借鉴世界各国的高职教育办学理念和办学模式以及它们的文化传统、价值观念和行为方式,以实现提高人才培养质量,推动本国高职教育的现代化进程,促进本国和世界经济发展,实现人类相互理解与尊重的目的的过程。

高职教育国际化的内涵必须基于高职教育的本质来认识,为了更深入地解读高职教育国际化,有学者从高职教育本质出发,提出高职教育国际化包含三个层次的内容:高职教育认识—信念系统、结构—功能系统、规范—运动系统。即伴随着高职教育信念的不断加强、功能的扩张以及运动的开展,高职教育国际化应以具体多样的高职教育活动为载体,面向世界,吸收和借鉴发达国家高职教育的办学理念为核心,促进本国高职教育体系的完善为目的。高职教育国际化呈现出下列特征:①综合性——高职教育国际化的内容更加丰富、空间更为宽广、活动方式更为多样、与社会政治经济文化的融合更加密切;②个性化——高职教育国际化必须与本国、本民族的文化传统相融合,并吸收国际高职教育办学传统和经验,坚持创新,力求个性发展;③民族化——应该强调高职教育为本国、本民族服务的目的,突出本民族的教育优势与特色;④组织化——高职教育国际化的机构不断涌现,功能不断增强,大大促进各国教育、文化事业的传播与交流。高职教育产生和发展的基本动力是满足探索真理和发展知识的需要,而探索真理和发展知识本身,就是一项没有国界的事业,从古代高职教育的"游教""游学"所显露出的国际化特征到当今全球背景下高职教育国际化进程的日益加剧,无不充分展示出高职教育国际化始终都以承认知识的普世性价值为前提,前沿知识在大学间的交流是高职教育国际化追求的普遍目的。这种观点,从哲学的高度探讨了高职教育国际化产生与发展的必然性。

从国际化的理念来认识高职教育国际化过于宽泛,因为在经济全球化趋势下,任何组织活动都应该具有国际化的理念,以实现全球化时代的基本要求。也就是说,国际化理念并不是高职教育国际化所独有的,把它作为高职教育国际化的核心概念,范围太大,不能体现高职教育国际化的具体特点。如果从高职教育活动的角度来认识高职教育国际化,又显得理论性不够,理论指导意义不强,极有可能使人们对高职教育国际化形成一种简单化认识。从知识的本质或教育的根本目的来认识高职教育国际化也存在一定的问题:一是这些观点可有效地阐释高职教育国际化的原因,但是对高职教育国际化的本质、特征诠释得不够;二是知识的本质与教育的根本目的适用于一切教育类型,并不是高职教育阶段才具有。如果说高职教育国际化是源于人类共同探索和发展知识的需要,那么基础教育更需要国际化。而基础教育国际化的水平远远低于高职教育,这说明高职教育国际化与高职教育的运行机制是有密切关系的。所以,高职教育国际化的内涵界定需要根据高职教育的本质特征进行,不能笼统化、简单化、片面化。

高职教育国际化是以国际交流与合作为媒介,以面向世界为前提,各国或各地区间互相借鉴、广泛交流,充分结合本国实际,促进办学思想的兼容并蓄,增强管理体制的灵活性,推动人才培养全球化的过程。我国应积极参与国际竞争与合作,使本国高职教育国际化继续向广博、深入和特色化发展。

该内涵具有以下基本特征。

1. 高职教育系统价值和信念的趋同

高职教育对国家的忠诚、系统内学者共同体的"双重忠诚"和行为方式,以及目前各国研究并模仿发达国家高职教育的办学之道等都体现了高职教育系统价值、规范及信念的作用,成为高职教育国际化的发展本源和深层动力。

2. 教育机构特征和组织行为规范趋同

与发展中国家相比,发达国家的教育体系和运作方式较为科学、完善,这些是发展中国家在高职教育国际化中必然要吸收、借鉴的,这主要体现在高职教育的层次、科类、形式、分布和管理上,同时也体现在领导体制、教育教学体制、投资体制等方面。

3. 发展政策和活动方式趋同

发展政策为高职教育国际化的具体实施提供方向性指导,活动方式须在此指导下严谨有序地开展,二者须有机统一才能保证国际化教育活动的顺利开展。具体表现为高职院校制定既符合社会发展又结合国际化实际情况的人才培养目标,确定与此相配套的教学计划、专业和课程设置以及教学质量和学术水平保障等一系列高职院校发展政策和活动方式。

4. 教学、课程和教学质量认证等的标准化、通用化

科研学术的国际交流与合作诞生了一些国际性的学术组织和国际通用的规则,如共同的专业术语、统计方法和评价标准等。教学标准、课程标准和教学质量认证相互借鉴和通用。

(二)对高职教育国际化要素的不同认识

关于高职教育国际化的要素,很多学者都提出过自己的观点。主流的观点认为,高职教育国际化的基本构成要素包括以下几个方面:国际化的教育观念、国际化的培养目标、国际化的课程、人员的国际交流、国际学术交流与合作研究、一些教育资源的国际共享。当然,也有其他的一些观点,比如,有学者提出高职教育国际化的标志包括六个方面:①学生来源国际化。外国留学生逐年增加,校园就是一个"联合国",世界上的任何风吹草动在校园里都可能有反应,而外国学生的规模大小成为大学国际知名度的重要指标。②毕业生就业国际化。学生可能在世界各国各地就业谋生,毕业生在外资、合资企业的就业表现,在境外的创业表现成为大学国际化水平的重要表征。③师资来源国际化。高职院校追求卓越,必然要求世界一流的师资,到世界各地重金诚聘知名学者任教,要求教师具有多门外语能力,不但研究水平高,而且教学效果好。④教学内容、方法现代化。为实现一流的教学质量,教学计划安排符合教育学规律,课程的设置和组织符合不同学生的需要,现代教育技术得到广泛应用。⑤教学科研合作国际化。教师和学生跨国界的学术交流与合作十分普遍,多种形式的跨国界的学生联合培养计划、双边或多边的教师和学生交流项目、跨国界的学生实习计划应运而生。⑥大学校园虚拟化。为了适应全世界各种学生的不同需要,校园各种信息设施更加网络化,依赖网络进行远程学习的学生人数大大超越直接面授的学生,校园网的信息服务更加完善。

概括来说,高职教育国际化应该包含四方面的内容:①学生的国际化,招收外国学生或本国学生前往他国就读,包括长期和短期停留,主要是获得文化经验和语言能力;②教师的国际化,包括教师的短期访问和外籍教师的征聘;③课程的国际化,可能的做法包括扩大课程的国际视野,开设关于其他文化和语言的课程,通过远距或网络修习外国大学所开设的课程。④研究的国际化,通过研讨会、期刊及书籍等交换和推广研究成果。

有学者把高职教育国际化与高职院校国际化进行了区分,提出衡量一个国家高职教育国际化的标准包括三个方面:一是教育观念的国际化;二是高职院校的国际化;三是公民接受教育的国际化。其中教育观念的国际化是指要从全球的视角出发来认识教育的本质和作用,认识教育的改革与发展问题;高职院校的国际化包括教师队伍的国际化、课程设置的国际化、学生来源的国际化;公民接受教育国际化主要是指公民接受国外教育的便利性等。这种分析角度为我国从不同层次认识高职教育国际化的要素提供一种思路,毕竟高职教育国际化与高职院校国际化不是一回事,但是众多的研究者在分析高职教育国际化的构成要素时,更多是从高职院校的角度考虑的。这种思考方式有一定的合理性,因为高职教育国际化的实施主体是高职院校。

(三)高职教育国际化的基本要素

尽管学者对高职教育国际化构成要素有不同的认识,但是,分析众多学者的观点,不难看出高职教育国际化主要包括国际化的教育理念、国际化的课程、国际化的培养目标、国际化的人员交流、国际化的学术与科研合作等要素。

1. 国际化的教育理念

高职教育国际化的前提首先在于要有国际化的教育理念,要从全球的视角出发来认识教育的改革与发展问题。世界上很多国家很早就认识到高职教育发展必须要有国际化的视野,塑造与形成国际化的教育理念。知识与科学探索是没有国界的,高职教育有责任与义务扩展人类的知识和人类相互理解的广度。人口爆炸、环境危机等众多人类面对的共同问题都需要高职教育开放胸襟,进行国际合作,增进世界各族人民的相互理解。

现代意义上的国际化教育理念认为高职院校必须从全球的视角来思考自身的发展与定位,从全人类发展的角度来规划和设计自身的发展。高职教育国际化承载了全球人民相互理解、彼此包容、共同发展的核心理念。当然这种理念的形成经历了一个相对漫长的过程。尽管古代社会就已经有了国际化的教育交流,但在当时,这种现象只是人类文化和交往的一种自发的需要和流动。现代意义上的高职教育国际化,开始对国际、民族经济的振兴和国家政治安全发挥着举足轻重的作用。很长一段时间以来,高职教育国际化都与一个国家的经济利益密切相关。教育贸易方式提高了高职院校的积极性,加速了留学生的增长,成为高职教育国际化的又一动力。此后,经济利益成为很多国家高职教育国际化的追逐目标。在经济全球化背景下,各国教育服务贸易日益频繁,各国之间的教育资源交流迫使各国的教育市场向全球开放。随着人类社会的发展,高职教育的社会化功能日益强大,高职教育在人类的发展与进步、全球经济发展、政治稳定等领域上的作用日益扩大,站在全球化的视角上考虑高职教育发展,为人类社会的进步与发展,开展国际合作成为高职教育国际化新时期的追求。现代化的高职教育国际化理念要求一个国家的教育转向开放,具有面向现代化、面向世界、面向未来的特质。因此,高职教育国际化是大学教育或某所具体的高职院校在国际意识、开放观念指导下,通过开展国际性的多边交流、合作与援助等活动而不断促进国际社会理解,提高国际学术地位,参与国际教育事务,促进世界高职教育改革与发展的动态发展过程或趋势。

2. 国际化的课程

为了实现高职教育国际化的目标,开发与建设国际化课程就显得非常重要。国际合作精神应融入课程设置和整个教学过程。由此可见,在高职教育国际化发展过程中国际化课程的重要性。国际化的课程是一种为国内学生设计的课程,在内容上趋向国际化,旨在培养学生能在国际化和多元文化的社会工作环境下生存的能力。课程国际化能够为培养国际化人才提供坚实的基础。国际化的课程不是简单地开设几门有关国际化的课程,如何在所有课程中体现国际化的内容才是最重要的。我国高职教育在课程设置上,应注重国际主题的新课程,及时补充国外最先进的科学文化知识和科技成果的内容,使用国际通用的先进教材,吸引外国专家讲学并举办国际问题专题讲座,开展国际化的课程与教学研究等。

3. 国际化的培养目标

高职教育国际化致力于培养能够参与国际化竞争的、具有国际视野的国际化人才。国际化人才是指具有国际化意识和胸怀以及国际一流的知识结构,视野和能力达到国际化水准,在全球化竞争中善于把握机遇和争取主动的复合型技术技能人才。国际化人才应具备以下几种素质:宽广的国际化视野和强烈的创新意识、熟悉掌握本专业的国际化知识、熟悉掌握国际惯例、较强的跨文化沟通能力、独立的国际活动能力、较强的运用和处理信息的能力;而且必须具备较高的政治思想素质和健康的心理素质,能经受多元文化的冲击,在做国际人的同时不至于丧失本民族的人格和国格。

4. 国际化的人员交流

高职教育国际化的一个重要体现就是人员的国际交流,对高职院校来说,主要包括教师的国际交流和学生的国际交流。构建高职教育国际化教育体系,首先必须要解决教育传播主体,也就是师资力量国际化问题,教师的国际交流是高职教育国际化的核心内容。只有建立一支具有国际知识和经验以及国际交往能力的高素质教师队伍,高职教育整体的学术水平和教学质量才有可能在国际化进程中得到进一步提升。教师的国际流动是高职教育国际化的一个核心部分,是实现高职教育国际化的捷径之一。为了提升教师国际化的水平,一方面,高职院校可采取多种形式增加出国访学人员的数量;另一方面,可向全球征聘教师和学者。教师的国际化程度已经成为判断一所高职院校国际化水平的重要标志。此外,学生的国际交流也是国际化水平的重要标志。随着高职教育国际化的发展,学生的国际交流规模不断扩大。

5. 国际化的学术与科研合作

学术与科研的无国界性是高职教育国际化的内在动因,所以,高职教育高级学术交流与合作研究是高职教育国际化的重要内容之一。国际化的学术与科研合作对一个国家尤其是发展中国家的高职教育发展具有重要的意义。高职教育已在知识的发展、转让和分享方面发挥了主要作用,因而学术上的国际合作应为全面开发人类的潜力作出贡献,国际化的学术与科研合作一方面可实现人力资源的共享;另一方面,可以形成科学探究的合力,推动人类社会的发展。

第二节 中国高职教育国际化发展的动因分析

一、高职教育的属性决定了其国际化的必然性

在我国高职教育经历了从规模发展到内涵发展的历史阶段后,高职教育的地位与作用日益凸显,关于高职教育的"类型"与"层次"之辩也日益明晰。高职教育是"类型中的层次"这一观点,即作为一种独立的教育类型,职业教育可以拥有自己的纵向发展空间,如初等职业教育、中等职业教育、高职教育。其中,高职教育又可以有专科层次、本科层次和研究生层次,当然,"服务第一线"这一宗旨是不变的。高职教育有着鲜明的时代内涵,其所处的外部环境、组织形式以及学科内涵都与普通高等教育有较大区别。高职教育具有"三重属性",即高等性、职业性和教育性。高职教育的这三重属性,内在地决定了高职教育必然走教育国际化的发展道路,而这条发展道路又必然是高职教育"三重属性"的特有体现。

(一)高等性:高职教育的时代属性

高职教育是职业教育类型的高级阶段,它以培养技术技能人才为目标,在人才培养层次上有别于中等职业教育。基于此,高职教育属于高等教育的层次,必然要走国际化的道路才与其"高层次"的属性具有适切性。

在经济全球化和教育国际化的背景下,随着各国经济合作及人才跨国流动的增加,学校之间国际合作办学已经成为职业教育国际合作的重要途径。不论是发达国家还是发展中国家,都必须正视高职教育国际化的进程,强调国际合作和交流是促进全世界高职教育的主要途径。联合国教科文组织的文件和宣言表明,世界高等教育进入国际化的新时期。国际化是当前和今后高等教育发展的必然趋势,高职教育既然属于高等教育之列,就必然具有国际化的职责;也只有通过高职教育的国际化,才能提升高职教育自身的教育水平。

(二)职业性:高职教育的本质属性

职业性是高职教育的类别属性,也是职业教育有别于普通教育的特有属性。从世界各

国科学技术的发展趋势来看,为了提高本国的科技竞争实力,世界各国纷纷通过科技人才的国际交流,学习国外先进的科学研究方法,掌握国际科技发展的最新动态和信息,提高本国科学研究的起点;通过引进国外的先进仪器设备和先进技术,改变本国科学研究的落后状态,在研究方法和研究手段方面与国外接轨;在一些大型的科研项目上直接开展国际合作。基于此,以培养技术技能人才为目标的高职教育,必然要凸显其国际化的培养目标,促进其"职业"属性的国际化,以适应科学技术国际化的需求。

可以看出,高职教育的职业属性决定了其与经济发展关系的直接性。因而高职教育的发展水平、发展层次直接影响着经济发展的水平和层次。发达国家从20世纪50~60年代开始,就将高职教育发展提升到国家战略,以适应先进制造业和现代服务业等新型产业的需要。从历史来看,产业结构本身的变化跟教育方式、教育理念和教育结构的变化总是相辅相成的,一个国家的产业结构决定其教育知识的结构;反过来,教育知识结构又会决定其经济的产业结构。然而,中国的产业结构难以从劳动密集型向技术密集型转变,这是多种因素共同作用的结果,其中人口压力是重要的影响因素。在巨大的人口压力下,我国需要在一定时期内保持劳动密集型产业的继续发展,以此增加就业岗位、缓解失业。但是,在教育与经济的关系上,教育对经济的发展有一定的反作用力。高职教育作为为经济发展直接输送高级人才的教育层次,没有适时调整培养目标、及时或提前培养出适应于技术密集型产业发展的高素质技术技能人才也是一个很重要的原因。因此,随着我国新型工业化战略目标的提出,我国当前以体能型劳动力为主的人才结构必须升级为以技能型为主的人才结构,这就对我国的高职教育提出了规模、质量和水平的高要求。高职院校必须把握中国经济发展、产业升级的脉搏,通过国际交流与合作,契合"中国制造2025"和现代服务业等新型产业的人才培养标准,尽早尽快地提供产业升级需要的人才。

此外,高职教育的职业属性也决定了其"以就业为导向"的办学思路,全球化、通信和运输费用的降低以及不断开放的政治壁垒,共同促进了技术技能人才的自由流动,技术技能人才的国际迁移将会是一种常态。而作为技术技能人才的培养者——高职教育,必然要培养学生的这种迁移能力,了解国际惯例,熟悉国际通行规则,具备国际交往能力。因此,从未来职业竞争力的角度出发,让每一位学习者都能接受包含有国际化元素的教育内容,具备参与国际竞争的综合素质,成为高职教育不可推卸的责任和义务。

(三)教育性:高职教育的固有属性

无论从教育性还是层次来看,高职教育始终围绕"培养人"这个宗旨,离不开"教育"这个固有属性。因此,教育的国际化必然带动作为教育体系重要组成部分的高职教育的国际化。

教育的国际化是教育发展的主题之一。大学聚集了与知识的发展和传播相结合的所有传统职能:研究、革新、教学和培训,以及继续教育。最近几年变得越来越重要的另一项职能即国际合作,亦应增加到这职能之中。21世纪世界教育将呈现出三大发展趋势:一是终身教育;二是以学生为中心;三是教育(特别是高职教育)国际化。大学被赋予四种社会职能:一是培养学生从事研究和教学工作;二是提供适合于经济生活和社会生活需要的高度专业化的培训;三是向全民开放,以满足最广义的终身教育各个方面的需要;四是国际合作。可以看出,高职教育的国际化是高职教育生存与发展的必由之路。正是基于此,我国现阶段的教育发展也贯穿了国际化的发展脉络。

二、高职教育的使命决定了其国际化的必要性

高职教育作为国民教育体系的重要组成部分,肩负着重要的政治使命与经济使命。特别是近年来高职教育规模与内涵的相继发展,它在国民教育体系中的地位与作用日益凸显。

(一)国际化是高职教育的政治使命

在国际社会中,教育的国际化承担着重要的政治使命。国家的利益是高职教育国际化的前提与基础,我们进行高职教育国际化,缩小与国际先进水平之间的差距,符合国际发展潮流,服务于建设有中国特色的社会主义。

(二)国际化是高职教育的经济使命

教育的国际化主要通过两个渠道来实现自己的经济使命:一是通过培养国际化的人才来为经济的发展提供强大的人才资源支撑;二是通过教育的国际贸易来获取相应的经济利益,其前提是具备强大的教育实力和具备优质的教育资源。

互联网技术、物联网技术、人工智能和大数据等新技术、新产业快速发展,职业变化的周期也在缩短,对新职业的要求越来越高,对相应职业人才的知识技能、素质能力的要求也越来越全面。职业教育国际化就是将职业教育目标与国际趋同,教学内容与国际接轨,师生在国际范围相互交流,并实行跨国职业教育技术援助与合作。随着跨国公司的发展,对技术水平和技术人才的国际化要求日益提升。经济全球化与高职教育国际化之间存在一种内在的逻辑关系,经济全球化通过跨国公司、合资公司或者其他形式把国际化了的生产环节、销售环节散布到世界各地,从而对在生产、服务、管理第一线的人才提出了国际化要求,生产、服务、管理第一线人才的国际化要求是高职教育国际化的最重要的推动力。另外,由于经济全球化背景下的产业结构变化往往也伴随着技术结构及职业岗位的技术含量发生变化。总之,在经济全球化背景下,产业结构调整升级、技术进步、职业岗位变化以及人才使用的国际化标准都对我国职业教育的传统人才培养模式提出了更新、更高的要求。

基于此,以培养技术技能人才为宗旨的高职教育,必然要主动承担经济全球化背景下的经济使命。通过国际化的培养目标、国际化的培养路径以及国际化的培养结果来顺应与推动经济的全球化。在国际上,各国也纷纷采用各种手段来推动国际化。

(三)国际化是高职教育的文化使命

当前,大学已经成为文化传承的重要载体和文化创新的重要基地,成为现代社会的知识工厂和思想库,成为促进科技进步的"孵化器"和社会进步的"加速器",对国家发展和社会进步的推动作用越来越突出。能否有效传承和创新文化,在很大程度上决定着大学的竞争力和创造力。文化是高职院校发展的"软实力",在推动高职院校发展过程中具有不可忽视的隐性作用。高职教育作为一种独立的教育类型,其发展规模已占高等教育的半壁江山,是高

等教育的重要组成部分,对国民经济社会发展起着重要的人才支撑作用。在全球化背景下,国际化成为高职教育文化传承创新的重要途径。不论是民间的还是政府的,教育的文化传承从来就没有间断过。在信息时代,人与人之间的交流从来没像现在这样方便、快捷,整个地球变成了一个"地球村"。各国在保存各自文化传统的同时,越来越需要了解他国文化,以增进相互理解与合作。高职教育作为文化传承的载体,自然负有不可推卸的责任。一方面,在激烈的国际竞争背景下,学习他国科技知识和先进技术,增强本国的综合国力,已是大势所趋;另一方面,人类面临的许多共同问题,需要各国高职教育"联手"才能更好地予以解决。因此,不论是从本国利益出发,还是从全人类利益出发,都需要高职教育加强国际交流与合作。通过知识的流动、技术的开放、管理的交流、多元文化的融合、高职教育市场的扩大等,搭建世界文化交融之桥,加速国际之间文化的渗透与融合,增进国家民族之间的理解与宽容,有益于人类和平与发展,为世界和平与繁荣作出贡献。

高职院校的文化传承创新职能具有显著的职业性,即定位于"工业文化"。工业文化也可称为产业文化,工业文化是在工业化生产方式的基础上萌生和发展的,是工业化社会文化的重要亚文化。工业文化,一是当代优秀企业文化之集大成;二是现代产业体系中主要行业生产、经营、服务、管理方式之发展变革;三是适应经济社会可持续发展的合格公民、合格劳动者、合格企业法人之意识与行为规范;四是体现工业文化精神的法律制度,促进工业文化健康繁荣发展的经济、教育、文化和社会舆论环境。高职教育作为一种独立的教育类型,在高职教育国际化的进程中将承担传承与创新工业文化的重要使命。

三、高职教育的生存决定了其国际化的必需性

从世界高职教育发展的历史来看,虽然不同时期的世界知名高职院校形成过程各不相同,但有一点是相同的,都是在国际化的过程中形成的。没有高职院校的国际化,就没有世界知名高职院校。深层次、多形式、全方位的国际化办学,不仅极大地增强了这些学校的综合办学实力,更为它们赢得了世界范围的良好声誉,使它们成为举世公认、名实相符的世界知名高职院校,国际化成为世界知名高职院校的基本特征。一方面,它们通过联合国、世界银行、世界卫生组织、经济合作与发展组织、联合国教科文组织、国际教育局等国际组织把一些优秀教员派到国外,积极开展对外技术援助和国际开发,为世界许多国家服务,这是"走出去"战略;另一方面它们也在全世界范围内选聘杰出学者和优秀学生到本国工作或学习,这是"请进来"战略。同时,它们还广泛开展国际教育交流与合作,包括学生互换、教师互派、学者互访、相互承认学分学位、举办国际学术会议、科研合作、联合办学等。此外,它们还通过增设国际教育课程、向国外选派大量留学生、开办海外分校等形式培养既理解本国文化又了解外国文化的国际型人才。

对于我国高职教育而言,高职教育作为一种新型的教育类型,特别是在经济全球化和教育国际化的背景下,面临着来自全球职业教育的巨大挑战。为了促进职业教育改革的进一步深化,我国需要学习、借鉴和吸收外国成功的职业教育改革经验,树立国际化、法规化、可

持续化的办学理念,需要建立开放式教育模式,按照国际标准培养国际型人才。

基于此,为提升我国高职教育的国际竞争力,提高我国高职院校的办学水平和人才培养质量,就要开展多层次、宽领域的教育交流与合作,提高我国教育国际化水平,培养大批具有国际视野、通晓国际规则、能够参与国际事务和国际竞争的国际化人才;加强国际交流与合作,扩大我国高职教育的国际影响。此外,地方政府也出台鼓励政策,积极鼓励高职院校开展国际合作。

第三节 高职教育国际化发展的对策及建议

一、高职教育国际化发展的战略目标

(一)高职教育国际化发展的战略

在全球化背景下,全球竞争格局不断发展变化,高职教育的国际化发展已是共识。我国高职教育国际化活动的研究与开展,不应仅仅是一种片段式的、细节性的、具体做法上的简单借鉴与分割性实施,而应在对高职教育国际化的内涵做深刻的理性解读基础上,追寻隐匿于具体国际化实践背后的深层框架,挖掘高职教育国际化的本体之道,并由此更加系统、完整、理性地对各种具体措施进行分析、实施与评价,最终真正走出一条适合中国本土的高职教育国际化的发展之路。为了达到该目标,特提出现阶段我国高职教育国际化发展的战略目标是:以切合国家战略需求、促进民族振兴和社会进步为基本原则,以追求国际资源优化配置为导向,以民族化和多元化为基调,以最终实现教育强国为目标,形成一批具有中国特色的高质量的高职院校。

首先,高职教育的国际化发展必须以切合国家战略需求、促进民族振兴和社会进步为基本原则。高职教育的国际化战略目标必须服从国家层面的战略思考,必须以促进民族振兴和社会进步为基本原则。我们要在实现国家的奋斗目标中实现学校的发展目标。大学是独特的教育与科研机构,不同学校的最根本的区别应是其内在的文化和精神,大学的精神、文化氛围和底蕴是大学的灵魂。高质量的高职院校应营造一种向上的校园文化和精神氛围,对师生有潜移默化的启迪和教化作用,对人的一生发展和成长有着深刻、持久的影响。高质量的高职院校应具有人才培养、科学研究和社会服务三大功能。在中国建设高质量的高职院校,要把满足国家的战略需求、促进民族振兴和社会进步放在首位,由此形成我国高质量高职院校特色。确立高质量高职院校建设目标,是为了用共同的价值观念和奋斗目标把学校师生凝聚在一起。

其次,高职教育国际化发展战略目标必须以追求国际资源优化配置为导向。高职教育国际化的发展是有其自身的历史进程的。大学缘起时期的国际化内涵仅仅是纯粹的学术驱动。当时知识的普遍性是扎根于大学灵魂深处的重要力量。由此学者和学生的国际流动就指向于一种真正意义上的求知活动。高职教育在萌芽时代就具有国际性,其根本原因在于

知识具有普遍性。随着民族国家的兴起,国家的身份和概念逐渐得到强化,启蒙时期那种为了纯粹学术的国际化活动逐渐地产生了内涵上的变化。随着全球化时代的到来,高职教育国际化变成了经济的竞争与战略的考虑,高职院校已经无法固守那种象牙塔式的传统信念,而必须融入全球化所带来的文化、经济变革的整体进程之中。在这种形势下,如何利用国际化来优化资源的配置进而实现自身的发展,应该成为高职院校国际化发展过程中的战略导向。因此,在全球化背景下,高职教育的国际化发展战略目标必须以追求国际资源优化配置为导向。

再次,高职教育的国际化发展战略目标必须以民族化和多元化为基调,一方面,中国高职教育的国际化应该以民族化为基础。一个国家的高职教育必须根植于特定的民族文化土壤,并受到国情的制约,民族化是国际化存在与发展的基础。我国高职教育的国际化也必须与本民族的文化教育传统相融合,在原有的基础上吸收国际高职教育的成功经验、优化模式及先进科学技术知识。另一方面,国际化是高职教育现代化的实质和主流,民族化则是高职教育现代化的现实基础与表现形式。所谓高职教育民族化,主旨是强调保持、保护并发扬本民族的高职教育优良传统,民族化只有不断开放,不断接受国际化洗礼,才能始终充满生机与活力;国际化只有与民族化结合,取得民族化形式,才能合法生存并内化于现代化之中,从而在根本上促进现代化。高职教育的现代化、国际化是其实质与主流,民族化则是其形式。

中国高职教育的国际化必须以多元化为基调,一定要认清自身的特色,在此基础之上谋求国际化的发展,形成独特的有竞争力的高职教育国际化资源。

最后,高职教育的国际化发展战略必须以最终实现教育强国为目标,形成一批具有中国特色和国际知名度的高职教育院校。教育强国的含义有两层:第一,国家资源的利用、开发及人均占有的教育质量、效益和水平较高;第二,依靠教育的不断发展来谋求整体国民素质的提升,进而推动国家宏观战略的实现。高职教育的国际化发展必须以最终实现教育强国为目标也有两层含义:第一,在教育层面实现我国由教育大国到教育强国的转变;第二,高职教育的国际化发展本身是高职教育发展过程中的一个环节,而高职教育本身又是一个国家整体教育的重要组成部分,欲谋求通过教育水平的整体提高来提升一个国家的整体国民素质就不能绕开高职教育国际化这个环节。因此,高职教育的国际化发展战略目标应该从这个层面服从教育强国的战略目标。

(二)高职教育国际化发展的战略愿景

我国应在最终实现教育强国为目标的战略指导基础上,培养一批具有国际知名度的高职教育院校。衡量一个国家的高职教育国际化的发展水平,仅仅停留在国内比较上是不够的,还必须在世界范围内与世界高职院校进行比较和竞争。只有培养出一批在国际上知名的高职院校,才能从根本上说我国高职教育的国际化实现了长足的发展。

综上所述,我国高职教育的国际化发展应该放眼全球立足现实,以切合国家战略需求促进民族振兴和社会进步为基本原则,以追求国际资源优化配置为导向,以民族化和多元化为基调,以最终实现教育强国为目标,形成一批具有中国特色的国际一流大学,唯有如此我国高职教育的国际化水平才能得到根本提升。

二、高职教育国际化发展的运行机制

（一）资金保障机制

长期以来，在计划经济体制条件下形成了我国高职教育特殊的"政府供给制"。高校在制定发展规划、调整办学思路、加强基础建设、推行改革举措时，主要依据是国家拨款情况，这意味着国家拨款多少直接决定了高职院校的发展水平。随着市场经济的发展和市场机制的改进，我国高职院校有了一定的自主权，投资主体也出现多元化趋势，但财政拨款依然是高职院校建设、发展与改革的重要资金来源。这不符合经济全球化对高职教育国际化的要求，甚至成了高职教育国际化的阻力。

我国应从三个方面努力构建高职院校国际化发展的资金保障机制：一是国家应进一步加大教育投入，特别是加大对国际化发展的支持力度。二是高职院校自己要努力拓宽资金来源渠道，除了财政拨款，还应该主动吸收社会捐赠、校友捐赠和银行贷款等。值得指出的是，对高职院校自办企业的形式应该审慎地提倡，应更进一步利用"产学研"模式，为学校的发展提供足够的资金。三是努力提高这些资金的利用效率。为此，国家财政部门应该会同教育部门建立相关的监督部门，高职院校自身也应该努力节约使用资金。

（二）高职院校组织保障机制

我国应从两方面深化高职院校行政管理体制改革：一是大力推行高职院校管理人员职员制度。二是转变政府职能，扩大高职院校办学自主权。目前我国在政府主导办学的体制下，形成国家集中计划、统一配置资源、政府直接管理的制度安排。这种机制极大地束缚了高职院校的发展；现在国际留学生市场的竞争十分激烈，要在复杂的市场上根据具体情况采取灵活、有效的措施，高职院校必须成为竞争的主体，拥有自主决策与行动的权力。这就需要理顺高职院校与政府的关系，扩大高职院校的自主权，尤其是对外交流的权力。

（三）师资力量保障机制

推行高职教育国际化需要满足师资力量配备与保障。国际化发展的重点领域是教育课程的国际化、学生培养的国际化、学者交流的国际化和研究领域的国际化，无论是哪一个领域都要求有足够的专业化的师资力量作为基本保障。为了建立高职教育国际化的运行机制，在国家宏观层面上应制订相应的外来人才引进计划；高职院校自身更应该注重自身师资力量中外来人才的比例以及本土人才中具有国际化意识和能力的人才比例。高职院校在对教师的考评中应该在这些方面有所侧重：能否用双语进行教学、能否用外语进行交流等。只有从上到下各个层面都重视，并且把该问题以书面文件确定为一种制度来执行，才会真正提高我国高职教育师资力量中国际化人才的比例，才会真正形成国际化的师资力量保障机制。

（四）国际交流和国际科研合作的实践机制

在进行中外交流时，对于一些可有可无的项目以及一些成本明显高于自身承受能力的项目应该审慎地进行。另外，还应注意进行国外交流时首选那些在国际上有知名度的学校，如果与国内高职院校合作的国外高职院校都是实力薄弱的学校,则该项目不一定能够为国内高职院校的国际化发展带来益处。因此,在构建这一运行机制时应该既注重"请进来",也要注重"走出去";既要进行一些基本项目的交流,也要进行一些科研项目和资源共享项目的合作。只有这样,才能真正完善我国高职教育国际化的国际交流和国际科研合作的实践机制。

三、高职教育国际化发展的宏观调控

在高职教育国际化进程中,政府的宏观调控将为高职教育的发展提供十分重要的保证。结合我国高职教育国际化运行机制的构想,政府对该问题的宏观调控属于宏观运行机制范畴。这意味着,在我国主要是教育部和各省教育厅在国家战略的指导下制定高职教育的国际化发展政策,该策略的制定主要包括两个方面:一是宏观调控保障层面;二是宏观调控操作层面。没有宏观调控保障层面的支撑,宏观调控操作层面的政策就很难发挥应有的作用;没有操作层面的具体政策来指导整个国际化进程,保障层面的政策就显现不出其应有的价值。二者必须有机结合起来,才能对我国高职教育的国际化发展起到促进作用。

(一)宏观调控的保障层面

从宏观调控保障层面来看,主要包括法律保障、师资力量保障、资金保障、基础设施保障和组织制度保障这五个方面。

(二)宏观调控的操作层面

从操作层面来看,主要包括如下五个方面:

一是要在全国范围内制定国际化的办学规划。这意味着我国在明确了国际化战略目标之后,应在实施层面具体细化和量化这个战略目标,进而形成系统的实施方案。应尽快在全国各高职院校建立起高职教育国际化研究的理论体系,以便进一步挖掘国际化发展过程中的经验,思考和总结不断出现的新问题,使这方面的研究专业化、科学化和系统化。与此同时,还应在全国范围内建立起国际化研究成果的推广体系,使研究的最新成果能够有效而迅速地应用于我国的现代化建设中去。在实践方面,要确定面向国际高职教育发展的需求,重新审定高职教育的方针政策,对国内教育和培训体制进行系统的改革;要制定相关政策以吸引海外留学生和优秀学者;要加强国际化问题研究;大力进行高职教育国际化宣传等。

二是要努力运用宏观调控的手段激励国内高职院校,努力打造国际化的优势专业,进一步形成我国在国际化进程中的核心竞争力。对具有民族特色的专业,国家可以从宏观政策上给予优惠和各方面的支持,使得其不仅在国内发扬光大,更使其在国际上的地位得到提高。如纺织、陶艺这些专业应成为我国部分高职院校国际化进程中的主打专业。需要明确的是,国际化不仅仅是吸收国际文化的过程,也是不断向世界传播我国文化的过程;高职教育的国际化发展应该成为我国特色高职教育和国外特色高职教育的优势互补过程。要想实现这一目标,国家在宏观调控层面应该在制定策略规划时重点提出这一方针,在进行相应调研的基础上,选择我国具有民族特色的专业和高职院校进行国际化的特色重塑和宣传,进而将其推向国际化的潮流中,这必将给我国高职教育的国际化发展带来蓬勃生机。

三是建设高职教育国际化发展的特区。一个基本设想是:既然经济特区可以建设得很成功,那么为了进一步提高我国高职教育国际化的发展水平,政府在宏观层面可以尝试建立高职教育特别发展区。要想建立这样的特区,必须满足如下条件:一是对该区域进行深度的高职教育改革。二是对外交流条件放宽。外国高职院校和外国资本进入没有限制,这意味着该特定区域的高职教育全面向世界开放。三是该区域必须能够承担得起这样的国际化角色。由于经济特区一般在沿海地区,这些城市国际化程度本身已经很高,不妨将高职教育的特区也放在这些经济特区中的一个或几个城市。在满足这些条件的基础上,在特定的教育领域全方位、有针对性、规范有序地引入外国资金、智力、教育及管理模式。建立国际高职教育特区或国际高职教育中心,将无疑对我国的教育、科研和经济建设产生巨大推动力。

四是尝试开办特许学校。特许学校的发展理念类似于我国行政划分中的直辖市。所谓特许学校就是由国家或者教育主管部门特别批准的主要以进行国际交流和合作为主的特办高校。这些学校的合作项目可以是个别项目也可以是全方位的,可以采用中外合作模式也可以采用中方主导外方协助的模式。但特许学校的起点应该较国内普通高校要高,对学生的素质要求也应该更高,因其在某种程度上代表了中国高职教育的国际水平。特许学校需要政府财政的大力支持和教育主管部门的鼎力帮助。这种学校得益于政策上的灵活性和宽松的机制环境,可以按照国际惯例对学生进行教育,对教师进行管理。在世界范围内聘请教师,同时主动在世界范围内招生。这种模式若能够成功,必将大大推动我国高职教育的国际化发展进程。

五是进一步广泛开展国际学历认证。毋庸置疑,国际学历认证和国际学位互换以及国际学分互认是高职教育国际化发展的一个重要方面。设立全国高职教育质量保证和认证中心,为国内各种质量保证和认证机构搭建一个沟通与交流的平台,并积极参与高职教育质量保证机构国际网络,向世界发布中国质量保证和认证方面的信息,加强与其他国家质量保证和认证机构的沟通与交流,推动进出口教育项目的发展。只有这样,才能进一步加快我国高职教育的国际化进程。

四、高职教育国际化发展的合理形式

随着全球化时代的到来,高职教育的国际化发展呈现出新的特点。经济因素的驱动力在国际化过程中扮演着越来越重要的角色。全球化时代高职教育的国际化形式中的境外消费、境内商业据点服务是主要形式,但是跨境服务和境内自然人服务会随着全球化的进一步深化而变得越来越重要。

在这种新的背景下,如何合理选取高职教育国际化的发展形势直接决定了高职教育国际化发展的运行机制能否顺利运转,也直接影响着国际化发展战略目标能否在不断进行改进的基础上实现。国内外高职教育国际化的发展形势主要有基础形式、中级形式和高级形式的分别。其中基础形式主要有学生互换与留学、网络教育以及教师跨国进修与讲学三种形式。随着国际化的不断深入,学生互换与留学的初级形式会逐步发展到国外分校的中级形式,网络教育的初级形式也会逐步向产业化发展的中级形式转变,同时教师跨国进修与讲学形式也会逐步发展到进行国际科研合作的中级形式。随着全球化和国际化的进一步深入,在国外设立分校的中级形式会转变成区域性教育联盟的高级国际化形式,产业化发展的网络教育也会逐步转变为高职教育特区的高级国际化形式,同时国际科研合作的中级形式也会逐步转变为特许学校式的高级形式。

五、高职教育国际化发展的外部环境

在高职教育国际化发展进程中,不仅要从战略目标、运行机制、宏观调控、发展形势等内在影响因素入手,还要注重外部环境因素的影响。只从内在影响因素方面谋求发展,不重视外部环境因素的变化,会使得内部政策的可行性和适应性不强,达不到应有的效果;只注重外部环境的建设而不从内部影响因素进行根本性的政策调整和改革,也无法实现我国高职教育国际化发展的战略目标。只有二者同时兼顾才有利于我国高职教育国际化的健康发展。

(一)国际经济环境

从国际经济环境看,目前有两个方面需要重点关注:

第一,在国际金融危机背景下,经济全球化趋势和区域经济一体化趋势依然不会改变。21世纪国际贸易和投资的自由化、统一劳动市场的建立、跨国公司的发展导致了经济全球化的形成。为应对经济全球化的挑战,越来越多的国家和地区倾向于参加自由贸易区来加快区内贸易和投资的自由化,促进经济增长。在这个大趋势下,世界经济的联系性和相互影响程度会越来越大,我国作为世界经济大国,与世界经济的联系性和相互影响程度也会不断提高,这会直接或间接影响到我国高职教育国际化的发展。

第二,国际金融危机对世界经济的影响不容忽视,特别是对我国就业、国际贸易的影响不容小觑。在这样的世界经济背景下,我国采取了多项措施来缓解和消除经济运行中出现的问题,也取得了不错的成效。我国应该进一步实施和完善这些经济政策,力图使国内经济尽快走向良性发展轨道。同时,应制定积极的对外贸易政策,减少贸易摩擦,减少国际贸易纠纷,既为国家经济的进一步发展做好相应铺垫,也为我国高职教育国际化发展提供对外经济政策层面的保障。

(二)科学技术环境

当今世界科学技术的发展主要有以下几个特征和趋势:新的科技成果不断涌现;科技成果转化的周期大大缩短;科技发展的跨学科性日益明显,新兴学科不断涌现;国际科技交流与合作日益广泛。

一方面,教育是继承和发展科学技术的重要途径,是科技生产力由"潜在性"变为"现实性"的前提和条件。因此,科技发展要求高职教育相应地承担起更为繁重而紧迫的任务。第一,高职院校承担为地方服务、为区域经济服务的职能,同时科研也是高职院校的重要职能,提高高职院校的科研能力也是促进我国科技进步的重要途径,加强高职院校科研的对外合作则可充分利用国际数据信息、设备以及人才资源来提高科研水平。第二,现代科技的快速发展要求劳动者的受教育水平不断提高,知识结构不断改善。作为培养未来劳动者的重要阵地,高职院校需要在各个方面加大改革力度,其中重要一点就是扩大开放,吸收世界上最新的科技文明成果。第三,现代科技特别是信息技术改变了教育的方式,人们除了获取专业知识外,还要具备一定的信息能力及利用多媒体和网络技术进行学习、工作和交流的能力。

另一方面,科技发展也为高职教育国际化提供了更好的条件。现代科技与教育的结合,引起了世界范围内教育观念、模式、内容、方法的重大变革,对高职教育国际化也产生了巨大的推动作用,比如人工智能＋教育,会带来教育革命性的变化。首先,现代科技促进了教育观念转变。其次,科技的发展给教育带来新的内容。科技进步不断更新和扩充着知识的内容,学生只有掌握新的科学知识才能不落后于时代,这就要求学生不仅要学习本学科的科技知识,还要吸收全人类创造的一切优秀文明成果和先进科技知识。最后,科技进步带来教育手段和教学方式的现代化。微电子通信和网络技术的广泛应用,使受教育者获得了极大的选择余地和发展空间,特别是网络大学的出现为现代教育提供了极大的支持,已成为教育国际化发展的一种新形式。

第六章

高职教师专业发展的展望

第一节 大数据背景下的高职教师发展

一、大数据时代下高职教师发展的变革

"大数据"不同于一般意义的"数据",它不仅是对于一个数字相关的信息进行撷取、处理、分析、管理的一种综合描述,而是包括交易和交互数据集在内的所有数据集。互联网中心将"大数据"定义为:通过高速捕捉、发现、分析,从大容量数据中获取价值的一种新的技术架构。可以概括为四个"V",即更大的容量(Volume)、更高的多样性(Variety)、更快的生成速度(Velocity)和更大的价值(Value)。大数据时代下深入推进信息技术在职业教育中的广泛和有效运用,全面提升信息技术引领和支撑职业教育创新发展的能力,高职教育和教师面临着前所未有的挑战和机遇。

(一)大数据时代下高职教育的变革

1. 标准化培养受到挑战,倡导人才培养的个性化和多样化

扩大学校招生自主权,对不同类型的学生实行不同的选拔方式,为不同来源学生、不同学习方式制订不同培养方案。大数据的发展应用将有助于实现这个目标与任务。统一的大纲、统一的教材和统一的人才培养方案的标准化将逐渐消失。高职院校的学生生源有可能来自中职校、普通中学、企业、行业甚至社区等,生源学生的多元化决定不可能用统一的人才培养方案覆盖所有培养对象,大数据时代下通过微观用户的细节来判断其偏好、企业行业的市场用人需求,私人定制,因材施教,实施个性化、多样化的人才培养,将会起到优化和高效的作用。

2. 程序性管理受到挑战,倡导预警管理的智能性和前瞻性

随着智慧校园和信息化平台体系建设的加快,通过监测、分析、融合每个用户群的数据,以智能响应的方式运行,逐步建立人才预测、就业预警和人才培养管理信息系统。当数据发生异常时及时发出警告,从而采取相应的措施,这将颠覆传统的程序性管理方式,促使学校管理由粗放型走向精致化和智能化。如通过学生进入食堂等门禁记录,追踪学生在校的时间,当低于某一限度时,将对该学生进行锁定,从而有助于教师及时了解其学习和生活情况。智慧校园产生的大数据,能对学生学习与需求、舆情监控和教育决策等方面发挥预测作用。

3. 传统静态评价受到挑战,倡导动态评价的权变性与微观性

随着大数据的广泛应用,传统静态的终结性评价将受到质疑,大数据提供的海量动态的信息千差万别,对学生的评价也不可能是静态和终结性的,对学生进行动态的评价有助于教育教学起到反馈、激励、诊断和导向的作用,反馈和反思微观个体的情况,为进一步调整学习方法和策略打下基础。权变性的概念来自管理理论,权变管理理论提出没有绝对最好的东

西,一切随条件而定,教育教学的评价也必须随着学生主体的变化而变化,未来的教育教学评价也将转向权变和微观的落脚点。

(二)高职教师"大数据"素质培养的必然选择

大数据时代高职教育的诸多变革,迫使高职教师必须迎接和面对大数据的挑战,然而高职教育既姓"高"又姓"职"的属性又决定了高职教师发展既要遵循教师发展的一般规律,又要注重职业专业发展。高职教育要着眼于把职业教育的"职业性"、高职教育的"学术性"和师德师能教育的"师范性"三者有机地统一起来,将大数据的素质培养贯穿在高职教师发展的全过程中,使大数据为高职教师发展服务,利用大数据的特征和属性,为教师提供个人发展、教学发展、专业发展和组织发展的全方位的辅导与指导。

1. 发挥预测性功能,培养大数据意识,有助于提升个人发展的自我效能感

自我效能感是指人们对自身能否利用所拥有的技能去完成某项工作行为的自信程度。大数据的核心就是预测功能,它是人工智能的一部分,它通过数学算法运用到海量的数据来预测事情发生可能性。正如亚马逊、当当网可以帮我们推荐想要的书、谷歌可以为关联网站排序,现代社交媒体微信、QQ知道我们的喜爱,可以猜出我们认识谁等。大数据对学习行为的预测,有助于教师在教学内容、教学方法上进行选择和调适,从而实现教学目标。培养大数据意识,发挥大数据的预测功能,培养教师在数据采集的中筛选、甄别和整合的能力,将有助于自我效能感的提升。

2. 发挥相关性功能,创新教学模式,有助于提升教学发展的实践能力

大数据时代中,事物之间的联系只需知道"是什么",而没必要知道"为什么",这种相关关系,而非"因果关系"颠覆了传统的"线性关系",改变了人们探索世界的方式和方法。有效利用大数据的相关性功能,整合教学资源,搜索、共享、整合慕课和微课等网络视频课程,创新教学模式,围绕这些课程资源,根据学生需求,对学生学习风格、学习能力等进行有的放矢的考量,适时调整教学风格和提升课程的更新能力。又如在线资源库的开发,通过学生在线答题的时间、对错情况、参与讨论等大数据相关性分析,了解学生在学习中的进步情况及未来的表现和潜在的问题,实现线上与线下交互的教学模式,不断提高教学实践能力。

3. 发挥混杂性功能,强化信息技术应用,有助于提升专业化发展的能力

大数据的"大",并不是绝对意义上的大,但却是收集、采集到的全部数据的总和,我们应以一个比以前更大、更全面的角度来理解事物,将"所有一切的数据总和"这个概念植入思维中。混杂性、不精准性成为大数据时代的特征。高职教师发展中,要强化信息技术应用,学会在纷繁混杂的大数据中,获得或提高与专业工作相关的知识和技能,数据处理能力已成为自主学习的利器,也成为专业发展的第一要素。一方面要追踪专业的学术前沿知识和理论;另一方面还要了解行业、企业发展的前沿技术,为产教融合、工学结合服务,从而提高专业发展的能力。

4. 发挥完整性功能,整合信息资源,有助于创设组织发展的良性互动氛围

相比于小数据和精准性时代,大数据更强调完整性,不仅包括量化的数据,还包括定性数据,完整性和包容性成为大数据的特征。创设有效的环境,整合资源,健全大数据资源共享机制,政府、企业行业、学校要整合信息平台,打通三方的互通频道,实现高职教育良性的共频共振的发展机制,更好地开展教与学的实践活动,不断提升教学、研究、服务和实践创新的能力,让数据"发声",创设三方组织的良性互动氛围。组织发展是高职教师发展的保障,环境的创设有利于个人发展、教学发展和专业发展的协同提高。

二、大数据时代下的高职教师发展的实现路径

大数据思维是一种意识,公开的数据一旦处理得当就能为千百万人急需解决的问题提供答案。大数据社会带来的数据优势应得到充分发挥,开启并利用收集的所有数字信息,将成为今后教育生活中不可分割的一部分,也应根植于高职教师发展的思维中。

(一)构建优质资源大数据共享机制,挖掘数据的潜在价值

随着数据进入市场,数据不再是单纯意义上的数据,现有市场上谷歌和亚马逊等网站都是大数据的先驱者。"开放政府数据"的倡议响彻全球,构建政府统筹、行业标准、企业参与、学校和社会共建共享的大数据库将成为可能。如高职院校人才培养工作状态采集平台对于教育主管部门、高职院校本身和社会各界都有积极意义。通过终端多样化,使教育主管部门、学校、行业企业、家长、教师群体都能共享数据成果。教育主管部门能够对教育教学进行监控和评估;高职院本身也能实现自我监控和自我评估;行业、企业、家长对学校的情况有更深入的了解,便于对优质资源的选择和认可。这有助于利用数据把脉问诊,充分挖掘数据的潜在价值,指导服务于工作实践。

(二)建立健全数据信息管理的监管机制,倡导责任与自由并举

大数据重新定位了人类信息管理准则,并鼓励和倡导数据拥有者、开发者和使用者都要承担起相应的法律责任,实现责任倡导下的自由,保护个人隐私。因为数据使用者比任何时候都明白他们想要如何利用数据。如 Facebook 技术政策专家将用户信息向潜在广告客户进行信息模糊处理,有效地处理了暴露个人身份信息的危险。未来的大数据关乎用户的人身和财产安全,需出台相关法律明确使用用户数据的权限和方式,建立信息泄漏的维权机制。在高职教育人才培养过程中,大数据采集分析不可避免地会暴露企业行业、学校等相关商业机密,甚至是教师、学生的个人隐私,建立健全数据信息管理的监管机制,克服和规避风险也成为数据开发者和使用者应尽的责任。

(三)建立高职教师自主发展和培训实践机制,培养数据科学家

信息技术的迅速发展,掌握信息技术应用成为高职教师的必备素质,促进信息技术与教学的融合,完善信息化教学大赛制度,全国高校教师培训中心也在积极地组织微课在内的信

息化大赛,进一步地提升教学的信息技术应用水平。信息技术的运用将实现学校与企业、专业与岗位、课程标准与职业资格标准、学习过程与生产过程的无缝对接。大数据时代下高职教师传统的"双师型"身份即教师和技术工程师的身份不会削弱,而是对高职教师多重身份的复合要求。数据分析家、数据科学家将成为高职教师的另一个头衔,也是高职教师应对大数据的挑战,自我能力提升的重要体现,同时有助于增强教师从事职业教育的荣誉感和责任感。

(四)建立区域化、国际化教师发展联盟,实现教师可持续发展

教师发展要体现学习型社会提出的终身学习和可持续发展的理念,高职教师发展要拓宽渠道,拓宽视野,建立区域化、国际化的教师发展服务平台,构建教师发展联盟。大数据时代已经冲破了校园围墙,模糊了区域间的界线,站在国际化的前沿,有助于高职教师从封闭走向开放,从被动走向自主,进一步促进不同类型教师间的协调、共享与合作,为高职教师终身的可持续发展奠定基础。

大数据改造了我们的生活,它无法教会我们所有的事情,但却能帮助我们优化、提高、高效化并最终实现目标。大数据在高职教育领域的研究与应用才刚刚起步,大数据的使用者、开发者们如何发挥大数据的优势、规避风险需要政府、企业、学校等多方参与和研究,尽快建立健全相关制度,倡导宏观指导和微观实践的路径,将为实现高职教师发展提供另一种选择。培养高职教师大数据素质,将大数据资源转化为一种工具,用它指导服务于未来的教育实践,将成为高职教师必备的基本素养。

第二节 高职教师在线发展的价值取向和制度设计

一、高职教师在线发展的价值取向

世界各国的教师发展的趋势正从"教师培训"向"教师学习"转变,从"教师在场"向"教师在线"转变,教师"在线",即"在网",包含互联网计算机终端、智能移动终端等,在线学习也经历了从远程学习到电子学习再到移动学习方式的转变。随着信息技术的发展,网络课程慕课、微课等教学资源平台的开发,即时聊天工具、数字化教材或资源库等网络资源使高职教师在线发展逐渐成为应然的体验,但面对信息技术的革新和纷繁复杂的网络世界,审视在线专业发展的内隐的观念系和价值蕴意是值得探讨的话题。

(一)坚持泛在性和自适性的双融互通

泛在性源于泛在学习,指学习的发生无处不在,学习的需求无处不在,学习资源无处不在,利用手边的任何科技工具完成学习,即 4A(Anyone, Anytime, Anywhere, Anydevice)。教师在线发展使得教师可以随时随地利用任何终端开展学习,实现更有效的学习效果。对知识的获得、储存、编辑、表达和创造等的智能化的虚拟学习环境将提高教师的问题解决能

力和创造力。自适性指教师根据学习环境的变化智能调适和改变自身的知识结构,生成建构新知识的过程,并使学习调至最优状态。教师在线专业的泛在性和自适性,相互依存,相融互通,教师要访问和收集包括文字、图片、视频、音频等任何形式的在线学习资料,及时掌握和了解高职教育教学改革的最新动态,不断调整和改变自己以适应目标发展的需要。

(二)演绎技术性和人文性的双重变奏

高技术需要高情感加以协调。教育信息技术的生长、发展都深深根植于文化维度之中。教师作为知识的应用者、价值的承担者,要平衡技术性和人文性的向度。语言是文化的一部分,又是文化的镜像折射,高职教师在线学习的内容不仅包括知识、语言技能、基本态度和团队精神,还包括普适性的文化的获得、跨文化交际能力和职业素质的养成。高职教育要坚持人文精神,提倡人文关怀,培养既有文化底蕴又适应岗位要求的高素质技能人才。

(三)注重自主性和协同性的耦合内聚

教师自由、自主地选择感兴趣的资源或话题,自由安排在线的学习时间,随时自主参加在线教研活动、项目研究,促进专业发展。从诺尔斯的成人学习理论来看,教师作为成年人总是根据职业岗位的需求或现实教育教学中的问题而开展学习活动,以问题为导向的学习本质具有自主性的特征。在线专业发展既有教师个体自主参与模式,也有学习社区和学习共同体模式。教师在线学习不再是靠灌输,而是在虚拟社会情境中以多成员间相互对话生成的,建立由在线学习教师、咨询专家、教育技术专家、网络管理者等构成的虚拟学习社区或学习共同体。基于共享观念和外语教学资源共建项目,协同组建校际发展在线联盟、行业企业发展在线联盟,邀请朋辈、企业人员、政府人员等参与,有助于开阔视野,获取资讯,促进个体与群体的协同发展,增强凝聚力,共同体成员为共同的培养目标,共享愿景,共建学习资源和学习平台,为从个人自主发展到群体自觉发展的转变。

(四)按照非线性和思辨性的持续发展

在线专业化发展要素涉及人、技术、文化、环境等多重因素,各变量因素间的不确定性和复杂性形成了在线专业发展的非线性,任何一个因素的变化都可能引起在线学习效果的变化。在线专业发展需要发现问题、搜集信息、论证问题、评估反馈的批判性思维意识和技能,高职教育要培养具有批判性思维的技能人才,激发想象力和创造力。批判性思维源于西方逻辑学领域,后引入教育领域,以培养和训练批判性思维能力。在线学习任务的设计、过程、监管、支持、评价、资源等因素中过程分析环节的引入,有助于分析问题、解决问题能力的培养。在线学习系统的非线性和思辨性将有助于教师专业的可持续发展,为终身学习奠定基础。

二、高职教师在线发展制度设计

(一)构建教师发展标准——高职教师在线发展的行动指南

国家政策和制度的出台规范着教师专业发展的目标、内容、方式和效果。对加快教师发展方式的转变、鼓励和促进教师转型升级、提高教育教学质量意义重大,同时有利于解决高职教师发展所面临的一系列问题,促进高职教师的健康发展。

(二)制定教师激励机制——高职教师在线专业发展的持续动力

教师发展最终是自主性发展,是教师专业知识、专业素养不断更新与完善的动态过程,增加教师自我效能感是教师增强专业能力的内驱力,是教师产生自主工作动机的内在原动力。高职教师的双师素质指既要掌握语言的知识、态度、技能、信念的基本能力,又要具有职业岗位的行业知识、职业素质、职业道德、职业情感和职业精神。高职教师在线专业发展受制于教师的需求、动机和目的,因此要从精神、薪酬、荣誉、工作等方面实施激励手段,通过设计在线发展项目等激励不同阶段的教师的发展动力。高职教师发展要设立"在线精英奖"等,加强在线学习,建立良性的激励制度,从激励教学行为入手,满足教职员工的需求和教师的行为,激发教师形成良好的职业道德和职业行为规范等,达到主体的虚拟环境和客体教职工都能共赢的效果。

(三)建立发展性考评机制——高职教师在线专业发展的评价反馈

高职教师发展考评要对教师开展分类、分层、分级考核。不仅要有定量而且要有定性的内容,建立公平科学的竞争机制,确保高职教师在高职教育改革发展和信息智能化社会不被淘汰。要组建由职业教育专家、企业代表、职业技能鉴定专家等组成的资格认定委员会。高职教师在线学习的考评要考虑职前和职后的统一,职前教师注重学科知识向实践知识的转化和衔接,职后教师注重资格证书学习和考评,以及对教师实践应用能力、技术创新能力和社会服务能力等的考核,丰富在线教师发展的评价机制。发展性评价以教师为本,满足了教师尊重和自我发展的需要,全方位地鼓励教师的工作热情和积极性。在线学习课程可以有测验、设计练习、交互游戏、角色扮演等活动,学习者与在线系统进行的每一次交互都能得到系统的反馈。

(四)优化技术服务机制——高职教师在线发展的虚拟环境

高职教师在线发展当前从计算机端到移动技术环境转变,同时随着5G网络的普及,无线信号的推广为智能手机接入互联网提供了保证,为高职教师实现在线学习提供了可能。我国要进一步提升和优化技术环境,满足个性化和自主化的发展,在资源优化、数据服务、技术支撑上下功夫,为大数据时代下的教师学习提供保障。当前全国高职慕课平台建设正紧锣密鼓地开展着,优化虚拟环境,提升知识的可视化、传播的艺术化、信息的可视化等,不断满足教师的发展,营造良好的虚拟空间。

(五)构建教师在线发展联盟——高职教师在线发展的组织文化场

文化场域的形成会对教师的教育观念和行为产生预期、激励、阻止、调控的效果,教师在线发展突破了时间和空间的限制,教师在线联盟的建立实现了全球教师的联通,将来自高校、企业、行业、社区等的人员组成联盟,有助于形成文化互动。企业文化、校园文化、社区文化、社会文化及其价值产生碰撞,这是激发教师发展的外部力量;同时不同领域的信息进行交流、新旧观念产生冲突,在线情境的学习是教师发展的核心动力。联盟的每个成员要进行知识的交流,通过团队的合作与交流,使得共同体内部的知识得以发挥其最大的效益。在线联盟的运营和服务不能仅仅依赖于主办方,要集政府、企业、高校、行业、社区等为一体,共同为教师发展营造文化场域,以形成教师发展的文化自觉和文化自律。对高职教师文化责任和自身文化处境的反思,也是教师发展的动力系统,这种文化深耕于教师的内心,外显在教育教学发展和教师终身发展的实效上。

第三节 高职教师发展新路径

一、工学结合背景下高职教师所应具备的专业素质

高职教育理念和培养目标以及高职院校"工学结合,校企合作"的人才培养模式,决定了高职教育既不是大学本科教育的低水平复制,也不是中职教育的学制延长,而是一种具有鲜明职业特色的高职教育形式。高职教师是否具备符合这种特点和模式的专业素质也成了高职教育能不能办好、能不能为国家和社会输送高技能人才的一个决定性因素。就高职教师所应具备专业素质而言,它既有相同于其他专业教师专业素质的方面,也有其特殊的要求,应包括以下几个方面。

(一)正确的职业教育理念

思想决定行动,要使高职教学能够真正地服务于培养高技能应用型人才的目标,为学生未来的职业发展保驾护航,每个高职教师就必须全面、深刻地理解高职教育理念的内涵和实质,用它来引领和指导教学工作,使教学体现出鲜明的职业特色。这是每一个高职教师所必须具备的一个极其重要的素质。

(二)扎实的专业知识和相关的行业知识

专业知识素质是指所从事的专业教学的基础理论知识和专业知识的广度与深度,扎实的专业知识是教师进行授课的必备条件。例如高职外语教学,高职教师应在自己所教授的语言上达到精通的水平,除了语言教学必备的"听、说、读、写、译"的能力,教师还要了解与所授语言相关的文化背景和国家概况等方面的知识。在工学结合背景下,外语是为专业课程服务的基础课程,它应满足职业岗位对职业能力的需求,使学生能使用外语结合专业和岗位进行具体的日常会话和专业交流,所以高职教师除了应当具备上述的语言教学方面的专业知识,还应根据所教学生专业的不同,了解掌握更为广泛的"专业"的知识,把语言教学和相关的行业知识的传授有机地结合起来。例如在对旅游专业的学生进行授课时,教师可以把涉外导游的一些常用语和著名景点的介绍穿插到教学过程中去。这样既可以在教学中拓宽学生的知识面,同时也提高了学生学习的兴趣,使外语教学内容真正地和专业结合起来。

(三)灵活、科学、合理的教学方法和现代化的教学手段

工学结合模式倡导的是"教、学、做"合一的教学观,教学强调开放化教学、职业化教学、网络化教学。主张以学生为主体、以教师或技能教师为主导,理论和实践相结合,注重学生的实践能力、操作能力、职业能力和协作能力的培养,这和传统教学观念中强调学生被动接

受、机械学习的教学观形成了鲜明的对比。因此教师应当根据学生的特点和教学内容灵活、科学、合理地采取诸如问题导向教学、行动导向教学、任务项目课程教学、情境教学和案例教学等现代化的教学方法,让学生积极参与到教学过程中来,使学生真正地成为学习中的主体。此外,高职教师还应在教学中充分利用现代化的教学手段,如网上教学、计算机辅助教学、多媒体教学来拓宽视野、营造真实场景氛围,利用模拟客房、模拟车间、模拟办公室等加强现实效果,甚至可以不定期地把学生拉到社会中去,如外资企业、交易会等,进行实践锻炼,实现工学结合模式所倡导的"教、学、做"合一的教学理念。

(四)良好的教科研能力

高职教育在我国经过多年的蓬勃发展已经具备了相当的规模,工学结合模式也被广泛地认可和付诸实践,然而对于在工学结合模式下的高职教育都只是在宏观上的研究和实践,因此不同地区、不同院校、不同专业、不同分工的高职教育工作者都应该根据各自的实际情况和面临的问题积极参与到高职教育的理论和实践研究中来。对于高职教师而言,要树立自己不仅是一个教育工作者,更是一个教育研究者的观念,把科研和教学紧紧结合在一起,以科研带动教学,以教学促进科研。

二、工学结合模式下高职教师专业素质培养途径

(一)全面更新教育理念,发展创新思维

工学结合模式下教学更注重培养学生的职业能力,使得教学处于全新的情景之下。这就要求高职教师更新传统教育观念,不仅要掌握高职教育的基本规律,还要对工学结合教学模式进行深入研究,理解其对教学的要求和特点。同时广大高职教师应当解放思想,跳出传统教学理念的束缚,大胆探索和尝试新的教学方法和手段,着力提高自己的创新思维和能力。具体而言,教师应当提高信息素养,熟练掌握计算机技术网络技术,及时将新知识、新信息、新方法传递给学生。在教学中设计合理的教学方案,采取合适的教学手段,使教学始终根据学生的需要、企业的需要、社会的需要处于动态更新的状态下。

(二)加强教学反思与教学研究,提高教科研水平

教学反思,是指教师以自己的教学活动过程为思考对象,对自己的行为、决策以及由此产生的结果进行审视与分析的过程,是一种通过提高参与者的自我觉察水平来促进能力发展的途径。教学反思是教师提高教学科研能力的一条行之有效的途径,教师通过对日常的教学工作进行思考,从中发现问题、研究问题、解决问题,总结教学中的得失,把自己的思考转变为理论,然后再将其运用到教学实践中去,这种"思考"到"实践",再由"实践"到"思考"的循环往复的过程,必将极大地提高教师的教科研能力。除了进行反思活动,广大的高职教师还应开展丰富的职业教育方面的理论研究,同时要进行专业知识和信息技术的有效融合研究,并以此为指导思想开发基于学生职业能力培养的具有职业特色的精品课程、教材、课件、教学方案、网络资源和网络学习平台,加快以就业为导向、以服务为宗旨的职业化进程和教师职业化教学研究能力的提升。

（三）升级知识结构，提升行业能力

高职教师应当对现有的知识结构进行升级，提高自己的行业知识水平。以下几条途径可以帮助教师提升行业能力：

一是参加行业培训。教师可以根据教学需要，有选择地参加一些相关行业培训，这样可以帮助教师熟悉授课对象的行业目标、职业岗位或岗位群，了解相关行业、岗位需要的最基本的专业能力，在教学中有的放矢地将行业知识与教学有机联系起来。

二是到企业进行实践。高职教师想真正提高自身的行业能力，就必须走出校园，到相关行业企业中去学习与锻炼，在进行工学结合的实践中提高自己的专业素质，实践形式可以是"半教半学"式，也可以是"脱产式"。教师通过到企业进行实践锻炼可以全面了解企业和社会对于高职毕业生的能力的要求，同时也能提高自己的专业能力。

三是参与行业教材的编写。通过参与行业的教材的编写和开发，可以使教师进一步掌握相关行业的知识和其知识体系，同时这样的一个过程，本身就是学习的过程、走进专业的过程，它能加快教师由基础课教师向专业教师的转型，促进教师的成长。

（四）养成自主学习习惯，树立终生学习理念

当今社会信息量巨大，知识更新迅速，作为教师必须顺应时代的发展，养成自主学习的习惯，树立终生学习的理念，保持旺盛的求知欲，不断更新自己的知识和理念，完善知识结构，以适应不断变化的职业教育发展需求。高职工学结合的教育模式给教学带来了深刻的变革，在这场变革中广大教师既面临着严峻的挑战，同时也应看到其中的机遇。高职教师应明确目标，通过各种途径，努力提高自身的专业素质，在教学实践中发现问题、解决问题，不断完善、提升自我，最终朝着成为专家型、导师型教师的目标迈进。

第四节　高职教师荣誉体系比较研究

一、我国高职教师荣誉体系建设原则

（一）坚持以人为本的原则

高职教师荣誉体系的构建要以教师为本，以教师专业发展为需要，体现需要的原则。在教师发展的探索适应期、稳定成长期和成熟发展期等不同阶段，满足教师生存、安全、人际交往、尊重和自我实现的多元需求，这就不能设立单一的荣誉，要在同一层级，关照多个层面的对象，并形成互补，从而促进教师的多元发展、可持续发展。

（二）坚持科学系统性原则

高职教师荣誉体系要建立在教育学、心理学、管理学、经济学等科学原理的基础之上，要与国家现代职业教育体系建设相结合，与省市地方教育发展规划相结合，与学校教育管理和学校组织文化相结合，与个体的发展目标相结合，形成完整的、持续的激励系统，注重奖、责、权、利的统一和融合，注重物质奖励和精神奖励的双向融通，要以统一的激励目标为方向，形

成合力,激发教师专业发展的内生动力,如此才能达到预期效果。

(三)坚持五大原则

五大原则为:①高职荣誉体系建设目标要具体;②荣誉标准要具有可测量性和可操作性;③荣誉体系应是教师个体、学校、省市、国家等社会各层面普遍认可和接受的;④各类别荣誉的设置要与教师的工作和个体或组织的专业发展相关;⑤荣誉的设置不能终身制,要有时间的限制和后续管理。这些原则体现了荣誉制定和实施过程的公开、公正、民主和透明,强调和体现了权威性和公信力,有利于发挥荣誉体系的激励功能。

二、我国高职教师荣誉体系建设的启示

教师荣誉作为对教师工作的认可和肯定,有助于调动教师工作的积极性、主动性和创造性,提升教师专业发展,增长专业发展的动力和内驱力。高职教师担负着为"中国制造2025"培养大批技术技能型人才的职责,将"人口红利"变为"人才红利",吸引更多的优秀人才加入高职教师行列,不断提升高职教师的社会地位,科学合理地建设教师荣誉体系具有深远影响。

(一)完善四级荣誉体系,形成"阶梯式"的教师专业发展成长路径

高职教师荣誉体系建设仍要完善国家级、省级、市县级、校级的四级体系,国家级荣誉体系由国务院设置和颁发;教育部和其他部委颁发的荣誉和省级部门同属省级荣誉;市政府和市县教育局及其他行政机构颁发的教师荣誉称号属于市级荣誉;高职院校党委行政颁发的教师荣誉称号属于校级。不同规格的荣誉设置应呈现"金字塔"形,颁奖的规模可逐渐扩大,周期可以缩短,要注重校本荣誉的设置的多样性。

(二)探索国家主导,行业、企业、园区、社区、学校五方参与的荣誉体系评审机制

高职教师荣誉体系的设置不同于普通高校,除"高等性"的特征外,"职业性"的属性也要求高职教育在设立荣誉体系时,要吸纳行业、企业、工业园区、社区、学校等参与制定荣誉体系的评审机制,从评审主体的组成、评审指标的测评到评审程序的落实,都要强调多方参与,运用多种测评手段参与评审,评审标准要清晰、明确,具有可操作性;组建采用第三方评审机构,减少行政干预,把建立评审标准作为重点,加强科学性和公平性。同时规范管理机制、待遇机制等,帮助获奖落实明确权责待遇,引导教师发挥示范和引领的作用,同时实行动态的调整机制。国家级的荣誉评审周期可以是三年一次,省市级的评审可以两年一次,校级荣誉评审可以是每年进行,从而缩短周期,提高教师获奖的覆盖面,提升专业自信,激发从"被动"投入到"主动"完成的内驱力的提升。评审过程中注重推荐和测评的设计,注重来自合作企业的师傅、行业的专家、学生、家长、同事的推荐提名,减少自荐环节,注重实绩和能力考查,以评审组的考查为重要依据。设置荣誉体系的仲裁机构,对评审标准、过程等实行自述、申述和复述的仲裁评审过程,以达到公平、公正、公开、透明的效果。

(三)提升品牌的影响力,全媒体、多媒介地宣传教师荣誉典型

"酒好也怕巷子深",要用营销学、传播学的手段加强高职教师荣誉品牌的塑造和推广。

要和国家级主流媒体开展深度合作,除了借助传统媒介外,新媒体对提升品牌也具有极大的推动作用。要注重教师荣誉颁奖的表彰仪式,让荣誉的敬畏感和感染力从仪式开始。举办庄严、隆重的颁奖盛典,有助于在全社会形成尊师重教的社会氛围,形成文化认同和文化烙印,同时也能提升荣誉品牌的全球影响力。因此要让教师荣誉典型得到广泛传播,让更多人接触、看到和感悟到标杆和示范的引领作用,利用微博、微信等新媒体媒介,讲好教师典型故事,传播好声音,弘扬正能量,传承中华传统的文化价值观,将职业教育培养的人才观中的"工匠精神"发扬光大。

(四)建立动态的荣誉后续跟踪管理机制,确保教师专业化发展方向

高职教师荣誉体系要注重后续管理,建立"四位一体"的后续保障系统,即政策保障、资金保障、人员保障和环境保障。政策保障即制定高职教师荣誉后续跟踪管理制度,规定和规范荣誉教师应履行的责任、权利和义务等,不得脱离教学一线。建立荣誉人员的资源库,开通线上线下的研讨交流平台,扩大荣誉教师的影响力。资金保障即注重物质奖励和精神奖励并重,鼓励企业、行业、社会力量资助荣誉教师开展专业发展的活动,同时规定奖金要用于专业发展、教学资源、教学设备及一切有助于教学研究的活动经费。人员保障即要求荣誉教师吸引教师同行、企业工程师、产业精英等跨界人士参加,组建专业发展团队,努力成为职业教育的领军人物或"大国工匠"。环境保障即做好软环境和硬环境的建设,建立有一定规模的大师工作室,营造浓郁的环境氛围。条件适合的情况下,将高职教师荣誉体系标准与职业教师资格证书标准、职称评定标准相对接,为职业教师提供专业发展动力,催生教师专业发展的内驱力,激活发展力,发挥荣誉教师的创新领航、辐射带动、示范引领的作用,荣誉教师要加强自我勉励,成为职业教育的担当者、教育改革创新的排头兵、职业教育理念的传播者、专业发展的践行者,实现人生价值。

个体因意识到外界的肯定和褒奖所产生的道德情感就是荣誉感。社会学范畴下的荣誉体系的构建具有社会导向和激励作用,高职教师荣誉体系尚未形成,因此职业教育的工作者应意识到建立国家级高职教师的荣誉体系,完善阶梯式四级荣誉体系,探索国家主导,行业、企业、园区、社区、学校五方参与评审机制,提升品牌的影响力,建立动态的荣誉后续跟踪管理机制具有深远的意义。

第五节 高职教师专业发展路径

社会学视野中高职教师专业包含两个方面:一是高职教师个体专业化,二是高职教师职业专业化。第一个方面主要指高职教师个体的内在的专业性提高,第二个方面主要强调高职教师群体的外在的专业性提升。从社会学的视角看,高职教师个体的内在的专业性提高是建立在个体努力基础上的;需要高职教师自身主动的学习和努力;需要高职教师在所处的冲突社会状况中,通过主动调适"冲突",接受利益团体随时调整变化的专业价值规范;需要高职教师在人际"互动"中主动解释或选择他人影响及环境结构因素。

可见,高职教师个体专业化是一个在"冲突—互动—协调"中"主动社会化"的过程。高职教师群体的外在的专业性提升是高职教师在学校体系中"应"高职教师专业的整体标准与目标要求,"答"教育系统、学校组织与法令条例规定的奖惩制约及专业规范和社会角色期待,而习得专业、职业与技术知识,内化专业规范,表现专业行为,改善专业服务功能,提升专业品质的过程。

可见,高职教师职业专业化是一个在"规范—习范—改善"的组织功能提升中"应答社会化"的过程。冲突理论、符号互动理论与结构功能理论为我们探寻高职教师个体专业化与群体专业化的具体路径提供了有益的启示。

一、"冲突协调"路径

冲突理论与符号互动理论告诉我们,冲突是社会的本质,也是高职教师个体专业生活的本质。高职教师专业生活中每时每刻都面临着冲突:知识与能力的冲突、教与学的冲突、先进的教学思想与传统的教学方法之间的冲突等。解决专业冲突,谋求进一步发展,要求高职教师个人在专业生活中与他人积极互动,并在互动过程中,统合主观的我与客观的我,以"重要他人"的观点作为参照,知觉、修正或发展专业观念,表现合适的角色行为,提升高职教师个体内在的专业性。

(一)反思研修

反思研修是指高职教师作为冲突知觉的自为主体,通过独立的分析、质疑、实践、分析、探索、创造等提升自身专业知能、职业知能和技术知能,解决专业冲突的活动。反思研修的形式有很多种,主要体现在教学反思、专业深造、网络研修、行动研究等方面。教学反思是高职教师通过对自己个人或者同行、同事的教学行为或教学过程进行反思和分析,总结经验教训,提升教学质量和水平的活动。专业深造是指高职教师根据专业生活中冲突的性质与内容,选择相应的院校进修,提升自己教育教学水平的活动,相应院校包括综合类大学、各类师范院校以及同类型的高职高专院校等。网络研修是教师选择以网络为平台进行学习、研究的一种新方法。网络能创造设高职教师之间、高职教师与科研工作者之间、高职教师与企业行业人员之间交流互动、共同探讨的环境和氛围,有利于在互动对话中生成新的教育火花,解决认知冲突。行动研究是一种特殊的"教学研究"模式,是高职教师对自身的教学活动进行思考和探究,并使教学活动和内容以更为有效的方式展开。

(二)联企锻炼

联企锻炼是指高职教师通过联系一家或几家企业开展职业技能和专业技术方面的锻炼和实践,实现更新和提升自身专业学科、职业能力以及技能等,解决专业冲突的活动。企业有良好的职业实践条件,如先进的生产设备、最新的工艺流程与技术信息、规范的高新技术孵化平台,这些都大大有利于高职教师学科、职业与技术方面的实践锻炼。同时,通过联企锻炼,能使高职教师更加全面地理解和掌握当前高职生工作岗位与工作内容所应具有的职业知识和职业技能,促使高职教师适时反思与调整专业教学活动内容和教学活动方式,提升高职教师的课程开发能力、组织能力和实施能力。联企锻炼的形式包含挂职、兼职、顶岗实践等。

（三）教研活动

教研活动是以提升高职教师教育教学能力、促进学生全面发展为目的，以课程建设、专业建设以及教学过程中高职教师所面临的各类专业冲突为研究对象，以高职院校教师为研究对象，以专业研究人员为合作伙伴的冲突导向型的实践性教育研究活动。教研活动的最终目的是有针对性地提升高职教师的专业教育教学综合素质，强化高职教师理论和实践能力、课程建设和实施能力。通过项目分析、专业剖析、集体备课、公开课和教研沙龙等各种形式的教研活动，实现全面解决教师在教育教学和教学改革过程中碰到的疑点和难点，创新教学模式，转变学生的学习方式。教研活动能直接增进教师的教育专业知识与技能，解决教育中各种现实的冲突情境。

（四）同行互助

同行互助来源于"同伴互助"概念。原指在互相信任和依赖的基础上，教师共同规划各类教学活动，相互提供、反馈及分享经验（反思），帮助教师改善自身的教学行为。同行互助有助于教师改善自我的教学行为。高职教师同行互助是指高职教师相互之间以及高职教师与行业企业的同行之间为解决学科与教育专业、职业和技术方面的冲突情境，在学科、教育、职业和技术上相互帮助，互相反思学习，共同提高。同行之间相对容易建立互动与信任关系，有利于实现互帮互助，并通过这种行为，解决双方之间在职业、学科、技术、教育专业知识与能力方面面临的实际冲突。

二、"规范改善"路径

结构功能主义理论认为个人社会化过程的本质是被动的，遵循既有的社会规范与期望而表现专业角色。从社会学的观点理解高职教师专业化，就是指高职教师在当前的学校教育教学体系中，遵循高职教师专业的目标要求和整体标准，教育系统、学校组织与法令条例等所期望和规定的角色规范，习得专业、职业、知识与技能，内化专业团体规范，表现适当的高职教师专业角色行为，改善专业服务功能，赢得专业地位的历程。可见，促进高职教师专业化必须在建立健全高职教师专业规范中改善高职教师专业行为，提升高职教师职业的专业品质。

（一）建立健全高职教师专业标准

健全而成熟的专业标准是一门职业专业化的重要标识。高职教师专业标准是指国家为进一步明确宏观的高职教师教育发展方向、凸显高职教育教师行业的特性而制定的专门用于衡量高职教师专业发展状态和多层次质量规格的高职教师专业可持续发展体系。高职教师的队伍建设、专业教学水平提升、教育体系完善的主要依据和重要保障是健全而成熟的高职教师专业标准。建立健全高职教师专业标准主要应建立健全高职教师准入标准、发展标准和职称评聘标准。专业性的准入标准是一门职业专业化程度的主要标志。建立健全高职教师准入标准,严把高职教师"入门"关,有助于提升高职教师的专业性。严把"入门"关,除注重道德、性格等个性品质和角色意识外,更应注重和强调与"高职"特性相关的专业素质要求。同时,教育行政部门可根据不同类型的初、中、高级明确高职教师应具有的学科与教育专业水平与能力、职业资格等级与能力、技术水平与能力及社会服务能力,以此建立健全高职教师发展标准。职称评聘标准对提升和促进高职教师专业发展有重要意义,高职教师评聘标准要体现高职教育的特色,特别是高职教师指导学生参加专业技能比赛、学科竞赛、参与校企合作的成效、技术研发、创新能力及成果、社会化服务等方面成果应作为职称评审的重要指标。此外,根据"双师型"素质的要求,可实施教师系列与工程师系列互通,鼓励教师同时申报两个系列的职称,并在岗位聘任及教学任务上区分,不同的系列开展不同的教学任务,享受不同的待遇。

(二)构建完善的高职教师教育体系

从教育培训的角度出发,高职教师专业化发展受制于三大因素:第一是职前提升水平,其决定高职教师专业化的起点水平;第二是入职培训水平,该水平决定着高职教师专业化的成长进程;第三是职后培训水平,该水平决定高职教师专业化水平的成熟度。由此看来,高职教师作一门特殊的专业,应建立一项完善、科学、严谨的职前、职中和职后教育培训体系,以全面提升教师的专业素质和专业水平,促进教师专业化发展。为此应构建一体化的高职教师教育制度。

构建一体化的高职教师教育制度,首先需要有健全的职前培养、入职教育、职后培训的制度。根据高职教师学科专业性、教育专业性、职业性和技能性"四性合一"的要求,完善的高职教师职前培养制度应体现学科教育、师范教育、职业教育,技能教育等内容,提升专业化的起点水平。为保证教师顺利适应受聘单位与岗位需求,要严格规范高职教师入职教育制度,提升高职教师专业化的成长性能。为促进高职教师专业的可持续发展,要完善高职教师职后培训制度,提升高职教师专业化的成熟程度。

其次,要建立职前、入职、职后一体化的高职教师教育制度。高职教师的专业发展是动态的,其本身是一个持续不断的过程;高职教师职前、入职、职后三个发展阶段在功能上既各具特点又相互作用,每一阶段发展过程中的"关键"事件都由先前事件所决定并预示着将来发展的走向。

因此,高职教师教育要建立职前、职中、职后一体化的终身教育制度。这种终身教育制度的外在表现形式是高职教师专业发展学校,其运行模式是:以地域为单元,以综合性大学或师范学院或专科学院等的院系组成一个高职教师教育联合体,与一所或几所职业院校结成伙伴关系,一起培养教师。高职教师职前培养一般集中在"联合体"里进行,职中、职后的学习和培训则根据教师个体发展差异由"联合体"与伙伴高职院校共同实施针对性的教育。

(三)建构高职教师专业伦理

专业伦理是高职教师专业化的品质保证。架构高职教师专业伦理必须注意以下五点:

第一,凸显高职教育的规律和目的。高职教师专业伦理既要考虑产业经济对高职教专业伦理的具体要求,也要考虑专业伦理是否能很好地适应与促进高职学生的身心发展,特别是职业技能的习得与养成。

第二,尊重高职教师专业的"特性"。高职教师的专业"特性"主要体现为"技术性""实践性"和"职业性","三性"是高职教师专业伦理所必须体现的特殊伦理诉求。

第三,体现"社会服务"理念。"提供专门的社会化服务"是专业化的体现,高职教师是一门专业,除一般的教育教学服务属性外,还具有"社会服务"的功能属性。社会培训和技术服务是高职教师实现高职教育特色发展的一个主要观测点,是高职教师专业和高职教育的本质要求,所以高职教师专业伦理要凸显其社会服务属性。

第四,现实性和前瞻性相结合。现实性是指现实可行性,指专业伦理既要遵循教育法规政策的要求,又要适中、全面、具有可操作性,体现时代对教师的现实要求。前瞻性是指专业伦理必须紧跟时代的步伐并成功应对时代发展的趋势。在制定专业伦理规范时,要将现实性和前瞻性有机结合起来,将现实性作为专业伦理的落脚点和基础,以前瞻性引领高职教师的伦理追求。

第五,"规约"与"德性"相统一。"规约"是对从业人员专业行为的基本和具体要求,一般使用明令禁止或消极的语言组织,对专业行为既有约束力,又有保障作用;"德性"是一种获得性的人类品质,是从业人员因自身发展需求而积极主动的伦理诉求。"规约"和"德性"相统一,既可使专业人员获得专业实践的内在利益,也能保证专业人员透过专业工作中专业理想的实现,达至个人能力的卓越与良好关系的建立。

第六节　高职教师成长环境优化

一、教育生态学的内涵

生态学是研究有机体或有机群体与其周围环境的关系的科学,它注重生物体与其生存环境之间的各种关系及造成的影响。它把生态学原理与方法运用和渗透于教育学中,尤其是运用了生态系统、自然平衡、协调进化等原理来研究教育与其周围生态环境之间的交互作用及其规律。教育生态学视角将人与环境交互作为研究的首要原则,而且将人与环境的互动与发展放到更完整、更复杂的动态环境系统中去考查,努力还原人与环境复杂关系的生态本质。

将教师的成长考查置于一个更为宽泛的时空架构中,在这个架构中有教师的赖以成长的"场域",强调场域中集体价值观、周围氛围、群体文化对个人专业发展的促进和羁绊。教育的生态环境是以教育为中心,影响教师个体成长和受教师成长影响的所有条件之和,也就是教师感受到的职业生活和成长环境。

所以,教师专业成长不仅是教师学科知识、教学技能的增强,还包括教师个体社会化的同步发展,即教师作为社会人所表现出来的价值观、人生观、情感、意志等的发展和完善,而这些又是教师"育人"并对学生产生重大影响的个人专业成长要素,它们直接受到教师生存其间所形成的各种人际环境状况的影响。有利的生态环境可以促成教师个体成长的超常发挥。

二、教育生态视角下教师成长环境探讨

教育生态学视角下的教师的成长环境研究凸显了教师主体的个体性和环境的层级性及系统性。教师专业发展环境就是教师的生活世界,亦即教师感知和体验到的职业生活和成长环境。教师成长环境的层级性既包括教师自我发展的环境,还包括教师与他人之间的关系,还包括教育政策、教育体制、社会期望之下的自我约束和突破。

总之,教师在与环境互动的过程中,教师不是环境的消极接受者,而是环境的积极营造者,教师是主体,处于环境系统的中心位置。以下分析采用提出的环境分类法,认为教师成长环境从里到外分别为个人环境、学校环境和社会环境。

(一)教育生态视角下教师成长的个人环境

从生态视角来看,对教师发展影响最大的是个人环境,它是教师成长生态系统中的微观系统,处于层级系统中的最里层,包括教师的家庭背景、教育背景、教师内在信念、情感体验和自我素质。个人环境在教师成长中发挥着重要的作用,父母、教师及家族优秀同辈的模范表率作用,配偶对家庭及工作的大力支持都能产生积极的环境作用,成为教师成长发展的外部驱动力。而教师的职业认同、自我发展的内在信念成为教师成长发展的内部驱动力。

(二)教育生态视角下教师成长的学校环境

学校环境是教师专业成长过程中感受最直接的环境,是层级系统中的中观系统,作为中观系统调节和引导教师专业发展的方向和路径。因此学校环境在教师成长过程中有着特殊的意义,它对教师的成长有着非常明显的作用。学校环境包括学校制度、教学环境、科研环境、教师与行政人员的关系、教师之间的关系、师生之间的关系、校园氛围等。教师在与环境互动的过程中,与学校环境互动是最为关键的。教师不能被动地适应学校环境,应该积极主动地营造、优化环境,在一个轻松、愉快、和谐、向上的学校环境中从不成熟走向成熟,使自己的职业生涯得到完美发展。

(三)教育生态视角下教师成长的社会环境

社会环境是教师成长生态系统中的宏观系统,处于层级系统中的最外层。它主要是指与教师发生间接关系的教育政策、教育制度、教育习俗和文化等。教育政策对教师的成长起了重要的导向作用,教育制度发挥着强制及潜移默化的作用,教育习俗和文化体现出社会大众对教师的期望,教师会不自觉地调整自己的各种行为规范来满足大众的期望。

三、教育生态学视角下高职教师成长环境优化

从教育生态学的视角来看,教师能感受到的职业生活和成长环境都对其发展产生影响,教师就是在与环境互动中成长起来的,一方面要适应环境,另一方面要创造环境、优化环境。

我们可以从个人环境、学校环境和社会环境进行优化,或者可以说从微观环境、中观环境和宏观环境优化,以便形成教师和环境的良性互动。

(一)高职教师成长的个人环境优化

信念是意志行为的基础,是个体动机目标与其整体长远目标相互的统一,没有信念人们就不会有意志,更不会有积极主动性的行为。教师信念可以理解成:教师主体在即时情境下对自身专业发展这个客体的认识、理解、想法和观念,教师信念决定着教师的行为。教师应该坚定自己从事职业教育的信念,把挑战化为动力,激发出自己潜在的精力、体力、智力和其他各种能力,提高自身双师素质。高职教师应该适应形势发展的需要,在努力提高自己的专业知识的同时,也要提高实践教学技能。因为教师的专业知识和专业技能也是组成教师专业发展的个人环境要素,它是决定教师专业发展的要素之一。此外,和谐的家庭环境是职业成功发展的良好保障之一。家庭轻松愉快的氛围使得教师很容易进入工作状态并且在课堂上也保持轻松愉快的状态,容易和学生形成良性的互动,而这又反过来促进教师的身心愉悦,增强从教的基础建设理念和家庭幸福感。

(二)高职教师成长的学校环境

首先,要建立和谐的教师之间的关系。新型的教师关系不仅仅是同事关系,更是基于共同爱好的友谊关系,还是基于共同事业的伙伴关系。教师之间要树立协同创新的观念,建立新型的教学科研共同体,以便于改善知识结构,实现优势互补,在互助协作中与同事共同成长。

其次,要建立轻松愉快的教学氛围。以独特的人格魅力吸引学生,以丰富的文化知识吸引学生,以新颖的教学方式吸引学生,从而在轻松愉快的环境中激发学生的学习兴趣,挖掘学生的学习潜能,教师与学生在此过程中知识与情感得到了有效的交流,从而达成共识、共享、共进,实现教学相长与共同发展。

再次,改革管理模式,建立民主参与式的学校管理模式。建立民主参与式的管理模式的前提是以人为本,尊重教师,使教师能在宽松、自由的氛围中工作和思考,为教师专业发展创造良好的环境。倾听教师心声,了解教师的实际生活、教学、科研状况和需求,提供有针对性的、切实有效的帮助和指点,把国家发展、学院发展和教师个人的发展结合起来,取得多赢的局面。

最后,改变评价方式。正确的评价才会有激励的作用,才会有向上的动力。应该摒弃重科研、轻教学的观念,鼓励教师以研促教,以教促研,教研结合。同时可以根据教师个人事业发展的特点,细化教师事业发展群体,形成相应的评价方式及职称晋升方式。弱化学生对教师的评价和优化教师考核标准,采取多种措施激发教师自身的内在动力和自我发展的能力。

(三)高职教师成长的社会环境优化

教育管理部门要把教师教育落到实处。教师是一个需要终身学习的职业,职前教育和在职教育紧密相连,教师的职前和在职教育要有科学性、连贯性。职前教育重点注重系统性、理论性的知识学习,在职教育重点注重实践性、实用性的技巧提升。从教师的实际需求出发,使教师在各项省培、国培和其他培训中获得解决实际问题的能力,从而使教学和实践能力获得真正意义的提升,而不是流于参加过多少次培训的这种形式主义。相关部门要采取优化教师成长环境的配套措施。鼓励高职教师顶岗实践,采取相关的配套措施。

教师自身要有很强的实践教学的能力,要具备"双师"素质。教师提高实践教学能力的最佳途径之一是参与企业行业的顶岗实践。国家应该采取相应的措施,鼓励企业行业接纳教师参与顶岗实践,比如减免税收,申报科研项目可以加分,可以享有当地政府的优惠政策,或者可以直接给予现金奖励。政府从多层面、多渠道调动企业的积极性,给教师提供顶岗实践平台。

教师不仅要利用业余时间或者寒暑假参与企业行业顶岗,更要争取完全脱产顶岗的机会,真正融入企业行业的生产和服务中。比如参与企业对外合作项目的前期调研等。

教师成长的环境因素以及互动对于教师的职业发展起了很重要的作用。我们以教育生态学的视角来研究教师的成长环境,将教师的成长考查置于一个更为宽泛的架构中,个人环境、学校环境和社会环境共同交织构成了教师成长的总体环境。教师要创造条件与环境积极互动,完善自身的专业发展。

第七节　高职教师自我评价体系构建

一、教师评价

教师评价是对教师工作现实的或潜在的价值进行判断的活动,它的基本目的是促进教师的专业发展与提高教学技能。教师自我评价是教师评价的核心部分,它是一个自我反思和自我提高的过程。教师通过自我评价来认识自我、分析自我,最终提高自我,对于深化高职教育教学改革具有极其重要的意义。

我国高职教育目标是以服务为宗旨,以就业为导向,走产学结合的发展道路,培养高素质的技能型专门人才。所以高职院校的教师应依据高职课程教学的特点和目标,构建合理的教师自我评价机制,促进高职教师专业发展。

（一）树立正确的教师自我评价观

教师在进行自我评价的过程中,由于教师自我评价的复杂性和特殊性,最常出现的问题是过低的自我评价、过高的自我评价和不完全的自我评价。为了对教师自我评价机制进行合理的调控,应该树立正确的教师自我评价观。通常情况下,教师在自我评价时,功利性比较强,总是把评价结果与前途、利益联系在一起,使教师的自我评价违背了评价的激励、诊断和交流初衷,导致评价缺乏科学性与有效性,违背评价的发展性目的。

教师通过自我评价不断进行自我激励、自我诊断、自我调整,最终得到自我提高,这个过程就是教师的自我发展、自我实现过程。树立正确的教师自我评价观能充分调动教师的积极性,激发教师的潜力。在自我评价过程中,教师的自我意识得到了充分培养,进而为教师专业成长提供了前提。

(二)高职教师专业发展对教师自我评价的要求

教师发展是一个动态的过程,需要教师不断学习和探索。教师发展突出了教师内在的自觉性和自我进步意识,强调教师在整个职业生涯发展的过程中要不断提高专业素养,提倡教师参与开发教学理论,形成批判性的自我意识和自我评价。教师通过积极反思自己的教学,观察自己的课堂行为,评估自己的教学效果,从而促进自身发展。高职教育发展形势要求高职教师从传统意义上的知识传授者转变为课堂教学活动的组织者、监控者和评价者,所以高职教师角色的多样性决定了教师评价的复杂性和特殊性。

为了全面客观地进行教师评价,一般都采用多途径、多主体的方式来评价教师。教师评价的主要方式有:领导评价、同行评价、学生评价、社会评价和教师自我评价。教师自我评价同其他四项"他评"不同,是一种教师通过认识自己、分析自我,从而达到促进自身素质提高的内在机制。自我评价作为一种自我发展的动力机制,对于教师的发展来说,是教师专业提高的根本动力。

二、高职教师自我评价促进专业发展的途径

(一)树立高职教育理念,实现教育思想转变

高职教师应该转变传统的教育观念,树立"以服务为宗旨,以就业为导向,走产学结合的发展改革之路"的高职教育理念,学习和运用多元智能等教育理论和现代职业教育理论,合理应用智能划分方式,把握和分析学生智能发展需求,寻求个性化发展的职业技术教育规律,以科学的发展观指导高职课程教学的改革。

(二)树立终身学习的理念

科技的迅速发展和产业的更新换代对高职教师的专业知识和能力提出了更高的要求,为此,高职教师应该树立终身学习的理念,不断更新知识结构,发展专业能力,接受新知识的挑战。为了有效完成课程目标,真正提高学生的职业素质、职业能力和就业竞争力,高职教师必须将语言技能与职业技能进行融合,与时俱进地拓展自己的专业和行业知识领域,做一个终身学习者。

(三)培养教学反思能力

反思性教学的三个条件:思想开放、有责任感、对教学全身心投入。反思性教学是一种思考问题的方式,要求教师具有做出理性选择并对这些选择承担责任的能力,教师应该既是实践者,又是自身教学行动的研究者。教师应该培植起"反思"的意识,不断反思自己的教育教学理念与行为。

教师自我反思的过程也就是教师自我评价的过程,教师只有不断研究新情况、新环境、新任务、新问题,经过不断自我诊断评价,了解自己的优势和不足,才能有意识地寻找学习机会,不断适应、促进教育工作,成为一个"自我引导学习者"。教师在自我反思、自我评价的过程中主动探索自己所不熟悉的专业知识,实现自我专业发展。

(四)依据可操作的高职教师自我评价指标体系

教师自我评价指标体系是教师自我评价得以开展的依据,教师自我评价要求教师依据评价原则,按照评价标准,对自己的工作表现主动做出评价,了解自己专业发展程度以及自我专业发展的能力。

为了使自我评价更加客观、合理,教师还需要借助一些工具,包括教学录音或录像、专家制定和教师自行编制的量表、学习者的经历和教学自传、教学日志、及理论文献等,在此基础上,对自己过去的专业发展过程进行自我评价,了解自己专业发展的水平,进而制定新的专业发展方向。

(五)重视高职教师自我评价结果

高职教师是高职课程教学改革中重要的一环。在当前高职教育快速发展的背景下,把高职教师自我评价的结果和教师自身的专业发展有机结合起来,促使高职教师在专业能力发展方面适应高职教育课程教学改革目标和要求。

为了实现教师自我评价的发展性目的,学校管理者应根据教师自我评价的结果,积极帮助教师分析存在的问题及原因,并提出解决问题的意见,以改进不足;教师对自我评价的结果要采取认真的态度,积极参照自我评价标准,对自我评价的结果进行分析处理,对教学工作中存在的问题进行客观的评价和积极有效的纠偏,对高职教育课程改革目标和教师自身实际工作状况之间的差距进行深刻认识、反思和总结,以提高教师自我评价的意识和能力,有力地促进教师专业素质的提高。

高职课程改革的关键是教师,高职教师既是教学的设计者和实施者,也是教学的直接责任者,他们对于教学整个过程的构思最清楚,因此,教学效果评价只有建立在教师自我评价的基础上才有意义。

高职教师通过不同途径构建教师自我评价机制,不断总结教学工作中的得与失,改进教学,提高高职整体教学质量,进而促进高职教师专业发展。

第七章

高职教育的可持续发展

第一节 高职教育可持续发展的理念解读

一、遵循导向性理念

高职教育可持续发展的研究与实践必须以习近平新时代中国特色社会主义思想为指导,运用全新的理念、思维、理论辨析高职教育发展过程中所面临的困难和问题,使高职教育的可持续发展具有鲜明的导向性,遵循高职教育的发展规律。

二、遵循持续性理念

持续性是高职教育可持续发展的应有之意和根本的发展状态,是高职教育发展的本质要求,离开持续性高职教育将会变得功利性、阶段性,甚至是碎片化。这里的持续性主要包括以下三个方面：

一是人才培养对象发展的可持续性。人才培养对象即学生,通过高职教育培养的学生应当是可持续发展的,尤其是就业或者升学后,自身的发展能力是可持续的,必须具有不断完善自身、不断更新知识、不断提升技能的能力。

二是教育教学质量提升的可持续性。教育教学质量是衡量一切教育类型良莠的基本前提,高职教育的办学过程必须以高质量为前提,这就需要国家和办学主体在国家法律层面和院校办学制度方面形成统一持续提升教育教学质量的机制,使高质量的教育教学持续提升成为可能。

三是促进经济社会发展的可持续性。经济社会的持续发展对高技能人才的需求必将不断增加,这就需要高职教育的人才培养要与经济社会的发展相衔接,必须持续地跟上经济社会发展的内在要求,调整高职教育的办学目标以适应持续发展的要求。

三、遵循责任性理念

高职教育肩负着我国数以千万计的高素质技能型专门人才的培养的历史使命,经济社会的发展离不开高职教育,同时高职教育也必须承担自身对经济社会发展不可推卸的历史责任,因此责任必须明确,也必须承担。这里主要包括三方面的责任：

一是对学生和家长负责。学生是高职教育直接服务和培养的对象,所有的教育内容和环节都是为了学生的发展而精心设计的。学生和家长对高职教育是否满意是最直接的评价和反馈。

二是对用人单位负责。企事业等用人单位是学生的服务对象,也是高职教育人才培养规格、岗位确定的重要依据,离开用人单位的参与,高职教育就无法体现"职业"属性,培养的学生就无法准确定位,要想培养的人才符合用人单位的用人标准和需求就必须对用人单位负责。

三是对社会负责。高素质技能型专门人才是社会发展急需的人才,为了推动社会的不断发展和进步,高职教育必须认真完成培养高素质技能型专门人才的历史使命。

第二节 高职教育可持续发展的体系构建

一、现代职业教育体系建设的出发点

关于现代职业教育体系的的构建方法,学术界有不同的看法,也有不同的建议。概括而言就是"两个适应""一个满足"和"一个体现"。

第一,职业教育和经济发展方式的转变相适应。在各种教育类型中,和经济发展关系最密切、联系最直接的,就是职业教育。也正因如此,职业教育本身就具有一定的经济性,我们深抓职业教育就是深抓经济。构建职业教育体系,我们需要立足经济发展方式的转变,从中寻找最佳方案。增强改革创新本领,保持锐意进取的精神风貌,善于结合实际创造性推动工作,善于运用互联网技术和信息化手段开展工作。在对经济发展方式进行转变的过程中,核心的问题就是对发展观念以及发展目标进行调整转变。我们要对过去的发展方式,即以外向型经济为主和对于投资过度依赖的方式进行转变,对于高新技术产业、绿色产业、新材料、新能源产业等,要进行大力发展,不论是在人与社会方面,还是人与自然方面,都要尽可能地实现和谐发展。与此相适应,职业教育的建设也要和这些行业的发展需求相适应,如高新技术产业、先进制造业、现代服务业、绿色农业等,都提出了新的发展要求,在专业设置、培养模式、教学内容等方面,要主动进行改革,使之适应性得到提升,让整个职业教育体系的结构、内容、层次都能对此进行充分的展现。

第二,职业教育和产业结构的调整需求相适应。在现代生产力不断发展进步的过程中,对产业结构进行调整升级是必然的,这也符合科学技术的发展需求。过去,生产力水平比较低,农业是社会发展的主导力量,因此当时的主要产业就是耕作,随着生产力的不断发展进步,工业化程度越来越高,在整个产业结构中,工业(即第二产业)所占的比重开始逐渐增加。在当下和未来的很长一段时间内,我国不仅要对工业化和城镇化进行大力推进,对先进制造业以及一些新兴战略产业进行大力发展,还需要对现代服务业,如文化创意产业、物流、金融保险产业等进行大力发展,尤其是在经济发达的地区,发展现代服务业更是我们的重中之重,在这些地区,第三产业(即服务业)将比第二产业所占的比重更大,形成"321"的产业结构格局。因此,在构建现代职业教育体系时,我们不仅要满足第二产业所需的技能型人才需求,还要满足现代服务业发展所需的应用型人才需求,除此之外,在农业、农村领域,我们也需要对农业生产经营发展过程中管理人才的需求进行充分考虑和满足。这些都是适应高职教育发展的长远方向,应该积极发展,大力发展。

第三,满足不断增长的对于技术型人才以及高素质的劳动者的需求。在我国目前的教育体系中,完成初中学业后,大部分学生将面临两个不同的教育体系:进入普通高中学习,继续深造,接受普通中学教育;进入到职业高中或者中职院校学习,接受职业教育。我国的经济社会在不断地向前发展,科学技术的发展也得到了大力推动,为了与这样的发展和进步相适应,我们的劳动人员需要掌握更高水平的技能,在素质方面需要达到的要求也逐渐提高。

第四,对终身教育这一理念进行体现展示。终身教育,不仅仅是在职业教育领域内关于"以人为本"这一理念的一种具体体现,同时,也是在生产劳动和人的全面发展等宏观层面对教育提出的要求。要想更好地对终身教育理念进行体现,在发展职业教育时,不仅要坚持正确的学习理论,同时还要避免只学理论;要对初始学历进行关注,同时不能忽略学历的提升和发展;对于学历教育重视的同时,对于岗位培训也要更加关注;除了要对全日制教育进行妥善安排之外,还需要对一些业余教育和培养方式进行组织和安排;除了关注初中毕业、高中毕业的应届学生这类适龄青年的学习外,对于一些中老年人的培养学习也要重视起来。

二、现代职业教育体系建设的特色

首先,现代职业教育体系应该是一个独立的体系。现代职业教育体系作为一个独立的体系,主要包含两层含义:①作为一种独立的国民教育类型,它的教育理念和培养方法应当是自主的。换言之,职业教育应该独立于普通教育而存在,国家应当将之与普通教育并行推进、协调发展。一般而言,整个国民教育体系应从九年制义务教育后开始分流,根据国民经济结构、经济发展状况、科学技术水平和产业分类情况等进行分类设计。职业教育的基本特征是校企合作办学,工学结合育人,职业素养与职业技能并重,着力培养具有鲜明的职业意识、崇高的职业理想、严明的职业纪律、良好的职业良心和优良的职业习惯的高素质、高技能、应用型人才。②作为一种独立的教育管理对象,它的管理体制与评价标准应当是自足的。简言之,职业教育体系内的管理模式和建设成果能够为全社会所认同。

其次,现代职业教育体系应该是一个多元的体系。现代职业教育在功能定位上既是一种学历教育,也是一种培训教育。作为一种学历教育,它主要满足职业教育体系内部和普通高中教育学生对于提升学历层次、实现更高素质和能力拓展的需要;作为一种培训教育,它主要满足企业新进人员对于岗前专业技能适应和企业文化内涵理解以及社会在岗人员对于顺应产品技术更新和行业发展趋势的能力提升需求。在具体办学形式上,它既可以是全日制教育,也可以是非全日制教育;既有面向适龄青年的教育,也有满足人民群众追求可持续发展、实现终身学习的教育;既有人才培养工作,也有科学研究和社会服务的功能。

再次,现代职业教育体系应该是一个开放的体系。现代职业教育体系的开放性主要表现在以下方面:①学制学历设计灵活多样,没有终点、只有过程;既有短期培训的班次,又有长期学习的课程,能够适应不同层次的学习发展需要,满足人们对于终身学习的个性追求;适应不同阶段、不同地区、不同行业发展的要求;职业教育应该有中等、高职不同层次,在高职教育阶段有专科和本科层次;随着职业发展和技术进步,应该有职业领域的专业硕士、博士乃至博士后。②专业设置和教育内容与经济社会发展保持同步。有什么样的新兴产业和新生职业,学校就应该发展相对应的职业教育,以行业兼职教师和"双师型"教师为主体的教学队伍更能将最新的知识和信息传授于学生。③教育对象和培养人群向全社会人员开放,不论生源性质、不受地域限制、不问教育背景,只要有需求,都可以参加学习和培训,都可以提升自身职业素养与专业技能。

最后,现代职业教育体系应该是一个协调的体系。协调体系,主要是中等职业教育与高职教育相协调,这种协调主要是表现在专业设置、课程体系、教材建设、教学过程、招生考试、教师培养、评价方式、行业参与等方面,通过培训达到在职业意识、能力和纪律方面的最佳状态,避免学生走弯路,造成人力资源和教育资源的浪费。除此之外,这个体系也应该是一个职业教育和普通教育协调发展的体系,能够通过一定的渠道相互衔接,构建起两种教育类型之间的"立交桥"。

三、高职院校在现代职业教育体系构建中的作用

在我国,高职教育不仅是高等教育中十分重要的环节,更是职业教育中不可或缺的部分。我国的高职院校建设已经有几十年的历史了,在其发展改革的过程中,已经积累了一定的办学实力;同时,在教学模式的设置上,也能够看出我国在高技能、高素质、应用型人才培养方面所下的功夫,各个院校的教学模式和内容设置都与人才培养需求相符合。在我国现代职业教育体系建设发展过程中,高职院校发挥着重要作用,主要表现为以下几方面:

第一,带头作用。不论是办学条件、师资力量,还是管理水平、管理理念,抑或是在对外合作发展机制方面,我国的高职院校相比中等职业院校而言,层次都更高一些,办学实力也更强一些,在社会影响力以及社会声誉方面,更是远超中职院校。所以,在构建现代职业教育体系时,一定要充分发挥高职院校的带头作用,如在教材建设、课程体系、专业设置、师资培养、招生考试等方面,特别是在职教集团的建立、对中职院校的建设发展进行带动以及和行业企业的合作加强方面,其带头作用更应当被充分重视和发挥。

第二,主体作用。在现代职业教育体系中,高职院校应当是其中的主体力量。一方面,在整个职业教育的发展过程中,在主体所能发挥的作用方面,高职院校具有更大的影响力;另一方面,在高职教育和职业教育"立交桥"构建的改革和实践过程中,高职教育的发展可能性和前景更加广泛。特别需要重视的一点是,经济社会一直在持续不断地发展,科技和生产力也在不断地进步,现代产业结构的升级进一步加快,越来越多的新技术、新工艺、新材料开始出现和应用,传统加工业将逐渐被替代或者发生改变,出现了很多的新兴产业,而现代服务业的发展速度也进一步加快,并逐渐超越第二产业,成为未来我国国民经济结构中当仁不让的主体。我们可以预测到,未来,职业教育的起点将越来越高,基点也会得到提升,同时还

将出现层次提高职情况,因此,不论是在数量上,还是在实力上,高职教育都会处于主体地位,成为主导力量。

第三,引领作用。在建设现代职业教育体系的过程中,高职院校将充分发挥引领作用。主要包括三个方面:①在职业教育的理念和模式改革过程中,高职院校都应起到引领作用,走在前列,包括教育理念的革新、教育思想的转变、人才培养模式的变革、办学模式的改进等。②在专业相关的内容变革中,高职院校应当对自身的引领作用进行充分发挥,如课程体系的改革、专业设置的调整、教材建设的创新、教学内容的设置等。③相对而言,职业教育这一体系是比较独立的,因此要对层次进行进一步提升和发展,使其适应社会的发展需求。除了本科这一层次之外,还需要对专业硕士这一层次的教育进行发展推动。在这一方面的建设中,高职院校也要充分发挥引领作用。

第三节 高职教育师资队伍的可持续发展

一、调整建设思路,强化科学管理

高职院校应以人力资源的开发与利用取代传统的人事管理办法,激活生产力基本要素中最为活跃的因素,同时实行以人为本的科学管理,注重人文关怀,构建和谐校园,促进人的全面发展。这就要求:在对教师工作的评价上,突出对"人"的评价,主要应看教师的积极性是否被充分调动和发挥出来;改变过去偏重对教学、科研、社会服务最终结果的考核,处理好"人"与"事"的关系;进一步突出人本管理,注重教职工权益的保障。

二、外部引进和内部培养并举

采用外部引进还是内部培养一直是高职院校师资队伍建设中一个最具争议的问题。

外部引进和外科手术非常类似,具有"鲶鱼效应",产生的效果也非常显著,如可以快速地转变师资队伍的结构,从而更好地适应师资结构调整的需求;有利于人才的快速引进,形成竞争机制。但是这种方式受外部条件的影响较为明显,其操作性较差。随意地采用外部引进的方式,会对原有师资队伍造成冲击,不利于内聚力的形成,阻碍协调发展的需要,还可能导致引入的人才和学校环境不相适应,不利于学校人文环境的打造。因此,为了有效促进师资结构的优化,就需要加大力度开展内部培养。

内部培养是一种多形式、多渠道培养教职工综合素质的方式。在实施中要进行合理的规划和评价,给予必要的资金支持,如此才有利于人力资本的形成,并更好地为院校的教育、教学以及科研工作提供必要的服务。在优化师资结构上可以采取专业带头人培育工程、兼职教师聘用工程、骨干教师队伍建设工程以及创新人才培养工程等方式进行,可以让在岗教师积极地进行在职硕士、博士学位攻读。加大校内培养和培训工作的力度,采用定期和不定期讲座结合的方式,提升教师的综合素质。加强教师的实践技能培训,积极地鼓励教师参与到企业实践中,从而提升教师的业务技能。此外,还可以为教师提供国外短期培训机会,让教师接触到国外先进的教学理念和了解更广阔的教学资讯,增加自身的新技能和新知识,这样也有利于教师开拓精神和创新意识的培养。整体而言,一切都是为了打造一支高素质、高技能的高职师资队伍。为了适应未来高职教育人才培养的需求,并符合其开放性和职业性的师资队伍建设目标,需要加强高职教师的专业性和工匠精神培养。当然对内部培养的重视并非对外部引进的否定。在优化高职院校师资结构方面,最有效、最直接的方式就是人才引进。人才引进在改善师资结构不合理和队伍数量不足的问题上有着显著的作用。现在很多高职院校对人才引进都比较重视,但是实践上却往往以学历而言明问题。这也是由教育观念混淆所造成的,对高职院校和普通高等教育之间的差异没有进行准确把握。高职教育所需要的人才并非只追求高学历。若是只对学历高的教师进行引进,则无法满足高端技能人才的培养需求。因此在人才引进上要注意对人才专业技能和实践经验的关注,并且还要对本地区和本单位有所了解,如此才能有效地完善队伍结构,并加强校企之间的合作和沟通,实现高端技能人才的培养目标。

适应岗位要求是高职院校师资优化配置的首要目标,在人力资源的优化配置上也要将岗位放在第一位。这就需要对现在的编制管理模式予以改革,加强教师和学校之间的劳动关系,还应该结合择优聘用、合同管理以及公开招聘等各种"流动编制"的方式来促进教师资源的有效开发和加强管理模式的改革。以长远的眼光来看,高职院校师资队伍的建设也应该充分发挥社会统筹规划的作用,加强各个院校的管理,以教师聘任制的方式来体现学校用人的自主权,从而按需求来进行教师资源的优化,以确保高职院校师资队伍的活力和生命力。

第四节　高职教育校企合作的可持续发展

一、校企合作概述

我国对于"校企合作"一词有着不同的表述,如产学合作、工学结合、产学研合作、校企合作等。目前,我国教育界和企业界主要有两种形式的校企合作:高职院校及科研机构与企业的合作;职业教育与企业的合作,包括高职、中职,以及其他各种职业培训机构与企业的合作。高职教育中的产学研合作有广义和狭义之分。广义的产学研合作是指以高校、科研机构和企业为主体,以政府、金融机构和中介机构等为辅助体,在市场经济条件下,按照一定的规则形成某种联盟进行研发合作,不断进行知识的消化、传递和转移,创造某种未知的需求和价值,以实现技术创新、社会服务、人才培养、产业发展和经济进步等功能。狭义的产学研合作指的是高校及科研机构与企业之间在人才培养、科研和生产等方面的合作。

职业教育与企业的合作也有广义和狭义之分。广义的职业教育校企合作指所有与职业教育相关的各类教育机构、培训机构与企事业单位的各种层次、各种方式的合作。狭义的职业教育校企合作是一种以提升学生的综合能力和就业竞争力为重点,利用学校和企业两种不同的教育环境和资源,通过课堂教学和学生参与实际工作的有机结合,来培养适合不同用人单位需要的应用型人才的教育模式。其基本原则是产学合作,双向参与;实施的途径和方法是工学结合、定岗实践;要达到的目标是全面提高学生素质,适应市场经济发展对人才的需要。

(一)校企合作的重要意义

对教育和经济、科技的结合以及促进人力资源向人力资本转变而言,职业教育都发挥了不可忽视的作用。

第一,校企合作是职业院校与企业双方共同发展的需要。由于世界经济一体化的深入发展,不论是学校还是企业,都需要不断地强化自身实力,这样才能适应日益激烈的国际竞争环境,而通过校企合作,能够有效地提高学校和企业的竞争实力,因此这也是一个行之有效的方式。校企合作对于强化国内职业教育的办学实力而言具有积极的推动作用,并能够让师资和经费问题得以有效地缓解。

第二,校企合作是建设职业教育体系的基石。完整的职业教育体系包括的内容非常广泛,既有学历教育也有非学历教育,既有岗前教育也有岗后教育,既有脱产教育也有非脱产教育,同时还分为普通教育和成人教育等,这也是开放式社会化终身教育网络建设的重要方面。在社会经济不断发展的前提下,终身教育网络包括的内容将得到不断丰富,所以也要充分发挥社会、学校、企业以及行业等各个组成部分的优势和作用,强化教育网络体系的建设。

第三,校企合作是职业院校专业发展的需要。社会发展需要职业院校必须具备专业现代化的特征,这就要求职业院校在制定专业现代化的教学计划时能够对传统的决策水平予以突破,并综合院校内外部的优势条件来进行。因此,必须吸收产业管理机构、企业行业协会、人力资源培训部门、生产管理第一线的专家参与,对经济及科技发展形势、专业发展趋势及就业形势等进行分析研究,与学校一起对专业培养目标、专业岗位知识要求、专业技能要求等进行论证,做出决策。

第四,校企合作有利于优化职业道德教育。职业道德教育是职业院校德育工作的重要组成部分。可以积极地鼓励学生参与到现代化企业中,对中国改革开放所取得的成就进行亲身的体验,并通过岗位实践来培养其良好的工作习惯和职业道德,教师还要注重自身所产生的模范作用,培养学生爱岗敬业、艰苦奋斗的精神。

(二)校企合作的一般形式

1. 建立校企联动机制

校企合作的关键是寻找联动的结合点,否则难以形成合作。校企都有实施教育的条件和愿望,这为校企合作铺平了道路,为校企合作教学模式的引入扫清了障碍。对高校和企业而言,发展是关注的焦点。因此,校企合作的逻辑起点应该是发展。高校的发展主要体现在人才培养上,企业的发展需要人才。因此,人才是校企合作的结合点。要让高校与企业围绕人才培养开展合作,就应该建立有效的校企联动机制,包括校企合作的管理制度与运行模式,建立起以现代信息技术为依托的网络交流平台,畅通信息沟通渠道。

2. 规范校企管理模式

高校与企业双方合作或多方合作,必须以合同或协议的形式建立起具有约束力的办学关系,明确合作各方的责任和义务,保证合作的规范性与有效性。同时,应该高度尊重教育教学规则、大学生的特点以及企业的实际需要,建立起以高校为主,企业参与的教学管理制度,高校与企业共同商议并决定教学相关事宜,恰当安排教学各个环节,保证校企合作质量,做到规范性和灵活性的完美结合。在办学实践中,实行项目管理,即由高校教育主管部门与企业负责人共同组成项目管理小组,共同研究并制订人才培养计划、管理制度等,在具体的教学实施过程中,校企双方紧密合作,及时掌握教学情况。

3. 合理设置培养目标与教学计划

高职教育要培养适应生产、建设、服务、管理需要的德才兼备的应用型高级专门人才。为了实现这一人才培养目标,需要制订一个较高层次的以技术应用能力为主线的人才培养方案,构建起科学合理的课程体系,确定因材施教和学以致用的教学内容,开展与专业就业岗位相关的实践教学环节。因此,高校需要转变传统普通的高职教育教学的人才培养模式,建立起"学历+技能"的专业理论课程和技能培训相结合的课程体系。

二、高职院校校企合作可持续发展的思路

(一)形成持续创新的发展态势

持续就是延续和继续,创新就是以新思维、新发明和新描述为特征的一种概念化过程。那么,持续创新,顾名思义就是持续永久拓展的新思维、新想法。在校企合作中,这种持续创新主要体现在两个方面:一是创立校企合作机制;二是创新校企合作模式。

1. 创立校企合作机制

(1)创立校企合作保障机制

政府主导是校企合作开展的前提和基础。首先,政府为校企合作提供了法律法规和操作依据,并对校企合作中的各方权利和职责予以明确,有利于校企合作的深入开展,并为其持续发展提供了环境和条件;其次,政府出台的相关政策也保障了校企合作的人力资源,如职业资格制度和职业资格体系的建立等都促进了人才的流动,为学校开展"双师型"教师队伍建设提供了便利条件;最后,专门机构的培育以及牵头作用的发挥都需要得到政府的支持,这样才能实现校企的深入合作,同时政府还要进行权威信息的发布、育人标准的制定等,以此促进社会资源的共建共享。而且校企合作的评价监督机制、激励约束机制的建立也需要依据一定的法规政策来进行,这样才能更好地对其合作行为进行规范,确保双方的权益不

被损害,可以充分发挥宣传的作用来获得更多的社会支持和认同。

(2)创新校企合作运行机制

目前而言,学校是推动校企合作的核心力量,需要充分发挥其作用和优势。首先,要加强开放性教学体系的构建。在专业设置上要考虑和当地产业与岗位需求的衔接性,要结合理论和实践,注重课堂教学和实践实习、校园文化和企业文化的结合等,以便人才培养目标符合社会发展需求。其次,为了促进校企合作的深入发展,需要加强校企合作评估体系的构建,并能够作为上级部门的评估依据,制订校企合作的发展计划。最后,要强化校企合作服务体系的建设,在人力和资金上给予必要的支持,以促进校企合作的长远发展。为此,就需要充分发挥社会、学校、企业以及政府等各个方面的力量。

(3)构建校企合作内部能动机制

一是要在共同目标的作用下加强校企合作部门能动性的发挥。在服务区域经济目标的驱动下将学校与企业、政府紧密联合,充分发挥其主观能动性。二是加强联动机制的建设。在校企合作中要采取并行联动的方式来促进资源的共享共建和人才共享等。三是加强全员终身学习机制的建设。其核心在于重视"双师型"教师队伍的建设,可以通过各种培训班和政府进行培训等方式,促进校企合作的长远发展。四是加强校企合作激励机制的建设,促进校企合作相关人员积极地参与到校企合作中,并给予相关的奖励。

2. 创新校企合作模式

校企合作各方的利益会随着经济形势的变化而产生变化,为此需要不断地调整校企合作模式。校企合作在发展中也会有不同的新鲜元素加入,从而为校企合作提供不断的活力。国内的校企合作还没有固定的模式,也未形成全国性的权威模式。所以,在校企合作模式的创新中要特别注意其和中国国情是否相符。创新校企合作模式需要调动各方的优势和力量。

(1)提高政府、高校和企业参与校企合作模式创新的认识

应积极地宣传校企合作的重要性和必要性,让企业和行业都能正确地认识到校企合作所产生的重要作用,并让学校转变对校企合作的看法,将其看成是一种长远的、能够产生回报的投资,其回报就在于为企业提供高效的人才资源,学生应以培养符合社会发展需求的人才为己任,促进国家职业教育的长远发展,逐步和国际教育并轨。

(2)加大政府支持力度

一方面,政府要对校企合作模式创新给予一定的资金支持,可以成立专项资金来促进校企合作模式的创新;另一方面,政府要积极推广和宣传校企合作成功案例,加强其模仿和引导作用。

(3)深化校企合作的理论研究

实践要想获得成功,就需要科学的理论作为引导,校企合作模式创新也是如此。而理论研究既需要职业教育领域科研工作者的努力,也需要相关部门和学校的支持,为科研人员提供良好的外部研究条件。其一,需要合理科学地定位科研。从实际情况和需求出发,对科研

的目标和方向予以确定,这需要科研人员来把握好这个方向,政府和院校只能作为支持者和引导者,这样才能确保研究方向的正确性。其二,对科研的投入力度要进一步加强。科研投入不仅是指资金上的支持,更要注重人力和物力上的支持。不但学校要投入一定的物力、人力和财力,政府也要给予一定的政策支持。其三,要合理地制定科研制度。一方面规范科研工作的开展;另一方面保障科研人员权益,激励科研人员致力校企合作的理论研究。

(二)共建多方共赢的发展局面

校企合作中的各方包括了学校、企业、政府以及学生等,这也是校企合作长远发展的核心因素,只有确保各方利益都不被侵害,才能实现共赢局面,才能有效促进校企合作的持续稳健发展。最大限度地提升学生的综合素质是学校的利益所在;获得知识和技能并顺利地走向工作岗位是学生的利益点所在;促进教育事业的长远发展并为社会经济发展提供人力支持是政府的主要工作所在;而企业则需要引进高素质人才来促进企业的可持续发展。对各方的利益点进行分析可知,其具备一定的相同之处,即校企合作的主要目标就是培养高素质的人才,并满足社会和经济的发展需求。

1. 扬长避短,优势互补

从学校和企业的角度而言,双方的共赢不仅可以确保各自的利益,也是校企合作开展的基础。一方面,学校的环境优势非常明显,为人才培养提供了良好的实验设备和条件,这也是企业的强大支持;另一方面,学校的资金、实训基地和场地较为缺乏,和企业合作则可以有效解决这一问题。因此,两者的合作能够充分发挥各自的优势,形成相互促进、相互作用的合力,不仅解决了学校实习场地不足的问题,也为企业的科研注入了新的活力,促进了科研成果的转化,确保了双方的可持续发展。

2. 立足当地经济,服务社会发展

高职院校要依据企业和市场需求来设置专业,以便培养出来的人才能更符合企业和社会发展的需要。这也是高职院校毕业生能够顺利就业的前提和保障,同时也是对社会需求人才进行培养的一个重要保障。这就需要高职院校做到:在设置专业时要根据企业和社会的发展需求来进行,并制订培养方案,加强人才培养的针对性和目的性,还可以进行自主品牌的创造,提高毕业生的竞争实力,帮助他们顺利就业;在设置专业时还要考虑到和当地产业结构特征的协调和统一,高效结合教学和科研的力量,将学校技术的优势充分地运用到当地经济发展中,并进行科研项目和技术开发,为企业排危解难,从而保障企业和学校的利益。

3. 互惠互利,多方共赢

对各方的利益进行合理分配是实现校企合作共赢的一个重要保障。首先,通过校企合作,学校为企业培养了大批高素质的和企业所需人才相符的技能型人才,这可以采用"冠名班""订单培养"等方式来进行;其次,政府可以制定各种政策法规,如积极参与到校企合作中的企业可以获得一定的税收减免优惠政策,促进校企合作良性循环的形成;最后,企业可以借助学校的智力资源优势来进行科技成果的转化。通过校企合作,企业节省了大量的员工培养成本,获得更多的利益;而学校则可以借助企业的财力资源和物力资源来促进人才培养质量的提升,并为学生的顺利就业提供条件。

(三)全面提升发展战略柔性

校企合作中战略柔性的存在是为了更好地适应目前社会发展和经济环境的一个重要举措。战略柔性是指不能较大幅度地改变目前的一个现状,而只能持续地进行微调。战略决定是在长期的校企合作中所形成的一个合理的人力、财力以及物力的配置情况,这是保障校企合作平稳长远发展的一个重要前提,柔性则包括了闲置资源的可利用性、潜在资源的可创造性和积累性、现有资源的灵活性等各个方面的内容,通过微调现有资源而非改变整体战略的策略就称为战略柔性。

1. 促进人才培养的超前性

"十年树木,百年树人",周期性是人才培养的一个显著特征,也是导致学校人才培养产生滞后性的一个重要原因。经济形势的时刻变化,促进了各种新兴行业的不断涌现,这需要学校在进行人才培养时注意其前瞻性要求。在校企合作中,学校在培养人才时更需要把握企业和社会发展对人才提出的新要求,做好充分的准备,以便培养出来的人才能够更好地适应企业和社会发展需要。为此,学校应该对政策、行业协会等信息进行精准的把握,并能够根据信息变化来相应地调整专业课程的设置,这样才能达到人才培养的前瞻性要求。

2. 积累和创造知识性资源

校企合作战略柔性的一个重要要求就是加强知识性资源的积累和创造。通过积累知识,既能够在校企合作中更从容地解决各种突发情况,也能够让人才培养更好地适应不断变化的环境,还能使各方有效地进行管理,并准确地寻求更适合校企合作发展的途径。所以,知识资源的积累能够提升校企双方合作的能力。当然,通过知识资源的积累,还能进行人力、物力和财力的更优配置。高职院校是科研实力的前沿,所以在校企合作中,对于知识性资源的积累和创造中,高职院校也承担着不可推卸的责任。

3. 引导管理者学习

作为校企合作运行的主要组织者和决策者,校企合作管理者的水平和能力将对校企合作的发展和成效产生直接的影响。校企合作管理者不仅需要不断地总结经验,还需要不断地进行学习,并能够根据目前的社会环境和经济形势来调整校企合作策略,并体现出战略柔性的优势。对新知识要进行学习,加强自身知识体系的构建和知识容量的扩展,并具备一定的知识转换能力,为校企合作的稳健长远发展创造条件。学习和积累知识需要管理者自主完成,学校和企业也需要组织相关培训活动和提供学习平台等。

4. 营造校企合作文化氛围

文化的一个显著特征就是群体共享性,它能够对群体的价值观念和意识起到自动调整的作用。若是没有促进校企合作开展的文化氛围,甚至创造了一个影响校企合作的文化环境,将在很大程度上制约校企合作的顺利开展。政府、社会、学校以及企业等等要结合自身的优势和条件,促进校企合作观念的转变,重新审视其所带来的共赢局面,并积极地探讨和研究校企合作的发展模式。同时还要求企业和学校能够创新观念,正确地认识校企合作带来的有利作用,并将校企合作的可持续发展和自身的利益相结合,从而提高技能人才培养的质量和效率。

参考文献

[1]常金玉.高职院校思想政治教育教学与专业理论课创新改革研究[M].延吉:延边大学出版社有限责任公司,2022.03.

[2]常涛,徐晖,李冉.高职院校专创深度融合创新实践[M].北京:中国纺织出版社,2022.05.

[3]武雪周."双新"背景下高职院校大学生理想信念教育研究[M].湘潭:湘潭大学出版社,2022.01.

[4]李国成,向燕玲.高职院校教师专业发展与教学创新团队建设研究[M].杭州:浙江工商大学出版社,2022.05.

[5]刘永亮.高职院校文化育人的理论与实践探索[M].北京:北京理工大学出版社,2022.03.

[6]廖伏树.创新视角下的高职教育管理[M].北京:光明日报出版社,2021.05.

[7]于澍,周葛龙,邵超.高职学生创新创业教育基础[M].成都:西南交通大学出版社,2021.08.

[8]罗星海.高职创新创业教育五育体系研究与实践[M].武汉:武汉大学出版社,2021.08.

[9]陈卫东,蔡冰.高职创新创业教育教程[M].成都:电子科技大学出版社,2020.06.

[10]陈强.高职教育立德树人理论创新研究[M].昆明:云南大学出版社,2020.

[11]伍锦群,朱燕,禹云.高职学生创新创业教育研究[M].沈阳:辽海出版社,2020.01.

[12]刘康民.高职教育供给侧改革研究[M].北京:北京理工大学出版社,2020.09.

[13]孟凡飞.高职教育与外语教学问题研究[M].长春:吉林科学技术出版社,2020.04.

[14]肖志坚,张文福,胡新根.高职教学改革案例分析与创新[M].北京:冶金工业出版社,2020.05.

[15]钱娜,周湘杰,王珂.高职生创新创业指导[M].北京:中国铁道出版社,2020.08.

[16]龚芸,李可,徐江.职业教育集团背景下高职人才培养模式研究[M].北京:冶金工业出版社,2020.11.

[17]邓艳君.高职思想政治教育滋养工匠精神研究[M].长沙:湖南大学出版社,2020.05.

[18]杨岭,刘慧.高职院校技能型创新人才培养研究[M].厦门:厦门大学出版社有限责任公司,2020.11.

[19]倪虹.新时期高职院校创新创业多维探索[M].天津:天津科学技术出版社,2020.09.

[20]阎惠丽,暨星球,詹波.新时代高职学生劳动素养教育[M].成都:电子科学技术大学出版社,2020.09.

[21]梁平.职业院校创新创业教育研究分析[M].天津:天津大学出版社,2020.06.

[22]曹乃志,张子睿,王慧秋.高职学生创新创业基础[M].哈尔滨:哈尔滨工程大学出版社,2020.01.

[23]叶勇,康亮.新时代高职院校工科专业课程思政教育探索[M].成都:西南交通大学出版社,2019.05.

[24]张润昊,祁敏,徐莉.基于地方科协共建的高职院校智库发展理论范式和实践创新[M].北京:对外经济贸易大学出版社,2019.09.

[25]李建庆.大学生创新创业教育研究[M].成都:四川大学出版社,2019.07.

[26]胡正明,何应林,方展画.优质高职院校建设理论与实践研究[M].武汉:华中科技大学出版社,2019.08.

[27]王升.高职教育的创新发展探索[M].石家庄:河北人民出版社,2018.07.

[28]徐友辉,何雪梅,罗惠文.高职院校学生教育管理创新研究[M].成都:西南交通大学出版社,2018.03.

[29]葛科奇.高职教育导师制实践与创新[M].天津:天津科学技术出版社,2018.05.

[30]刘媛.高职院校创新创业教育理论与实践研究[M].北京:经济日报出版社,2018.06.